# PRÉFACE

I0145179

La collection de guides de conversation "Tout ira bien!", publié par T&P Books, est conçue pour les gens qui voyagent par affaire ou par plaisir. Les guides de conversations contiennent le plus important - l'essentiel pour la communication de base. Il s'agit d'une série indispensable de phrases pour survivre à l'étranger.

Ce guide de conversation vous aidera dans la plupart des cas où vous devez demander quelque chose, trouver une direction, découvrir le prix d'un souvenir, etc. Il peut aussi résoudre des situations de communication difficile lorsque la gesticulation n'aide pas.

Le livre contient beaucoup de phrases qui ont été groupées par thèmes. Vous trouverez aussi un vocabulaire des 3000 mots les plus couramment utilisés. Une autre section du guide contient un glossaire gastronomique qui peut être utile lorsque vous faites le marché ou commandez des plats au restaurant.

Emmenez avec vous un guide de conversation "Tout ira bien!" sur la route et vous aurez un compagnon de voyage irremplaçable qui vous aidera à vous sortir de toutes les situations et vous enseignera à ne pas avoir peur de parler aux étrangers.

# TABLE DES MATIÈRES



T&P Books Publishing

Collection de guides de conversation
"Tout ira bien!"

T&P Books Publishing

# GUIDE DE CONVERSATION
# ARABE

Par Andrey Taranov

## LES PHRASES LES PLUS UTILES

Ce guide de conversation contient les phrases et les questions les plus communes et nécessaires pour communiquer avec des étrangers

T&P BOOKS

**Guide de conversation + dictionnaire de 3000 mots**

# Guide de conversation Français-Arabe égyptien et vocabulaire thématique de 3000 mots

Par Andrey Taranov

La collection de guides de conversation "Tout ira bien!", publiée par T&P Books, est conçue pour les gens qui voyagent par affaire ou par plaisir. Les guides contiennent l'essentiel pour la communication de base. Il s'agit d'une série indispensable de phrases pour "survivre" à l'étranger.

Ce livre inclut un dictionnaire thématique qui contient près de 3000 des mots les plus fréquemment utilisés. Une autre section du guide contient un glossaire gastronomique qui peut être utile lorsque vous faites le marché ou commandez des plats au restaurant.



T&P Books Publishing
www.tpbooks.com

ISBN: 978-1-78716-949-4

Ce livre existe également en format électronique.
Pour plus d'informations, veuillez consulter notre site: www.tpbooks.com
ou rendez-vous sur ceux des grandes librairies en ligne.

# PRONONCIATION

| Alphabet phonétique T&P | Exemple en arabe égyptien | Exemple en français |
|---|---|---|
| [a] | [ṭaffa] طفّى | classe |
| [ā] | [eχtār] إختار | camarade |
| [e] | [setta] ستّة | équipe |
| [i] | [minā'] ميناء | stylo |
| [ī] | [ebrīl] إبريل | industrie |
| [o] | [oɣosṭos] أغسطس | normal |
| [ō] | [ḥalazōn] حلزون | tableau |
| [u] | [kalkutta] كلكتا | boulevard |
| [ū] | [gamūs] جاموس | sucre |
| [b] | [bedāya] بداية | bureau |
| [d] | [sa'āda] سعادة | document |
| [ḍ] | [waḍ'] وضع | [d] pharyngale |
| [ʒ] | [arʒantīn] الأرجنتين | jeunesse |
| [ẓ] | [ẓahar] ظهر | [z] pharyngale |
| [f] | [χafīf] خفيف | formule |
| [g] | [bahga] بهجة | gris |
| [h] | [ettegāh] إتّجاه | [h] aspiré |
| [ḥ] | [ḥabb] حبّ | [h] pharyngale |
| [y] | [dahaby] ذهبي | maillot |
| [k] | [korsy] كرسي | bocal |
| [l] | [lammaḥ] لمّح | vélo |
| [m] | [marṣad] مرصد | minéral |
| [n] | [ganūb] جنوب | ananas |
| [p] | [kaputʃino] كابتشينو | panama |
| [q] | [wasaq] وثق | cadeau |
| [r] | [roḥe] روح | racine, rouge |
| [s] | [soχreya] سخرية | syndicat |
| [ṣ] | [me'ṣam] معصم | [s] pharyngale |
| [ʃ] | ['aʃā'] عشاء | chariot |
| [t] | [tanūb] تنوب | tennis |
| [ṭ] | [χarīṭa] خريطة | [t] pharyngale |
| [θ] | [mamūθ] ماموث | consonne fricative dentale sourde |
| [v] | [vietnām] فيتنام | rivière |
| [w] | [wadda'] ودّع | iguane |
| [χ] | [baχīl] بخيل | scots - nicht, allemand - Dach |

# LISTE DES ABRÉVIATIONS

## Abréviations en arabe égyptien

| | | |
|---|---|---|
| **du** | - | nom (à double) pluriel |
| **f** | - | nom féminin |
| **m** | - | nom masculin |
| **pl** | - | pluriel |

## Abréviations en français

| | | |
|---|---|---|
| **adj** | - | adjective |
| **adv** | - | adverbe |
| **anim.** | - | animé |
| **conj** | - | conjonction |
| **dénombr.** | - | dénombrable |
| **etc.** | - | et cetera |
| **f** | - | nom féminin |
| **f pl** | - | féminin pluriel |
| **fam.** | - | familiar |
| **fem.** | - | féminin |
| **form.** | - | formal |
| **inanim.** | - | inanimé |
| **indénombr.** | - | indénombrable |
| **m** | - | nom masculin |
| **m pl** | - | masculin pluriel |
| **m, f** | - | masculin, féminin |
| **masc.** | - | masculin |
| **math** | - | mathematics |
| **mil.** | - | militaire |
| **pl** | - | pluriel |
| **prep** | - | préposition |
| **pron** | - | pronom |
| **qch** | - | quelque chose |
| **qn** | - | quelqu'un |
| **sing.** | - | singulier |
| **v aux** | - | verbe auxiliaire |
| **v imp** | - | verbe impersonnel |
| **vi** | - | verbe intransitif |
| **vi, vt** | - | verbe intransitif, transitif |

| | | |
|---|---|---|
| **vp** | - | verbe pronominal |
| **vt** | - | verbe transitif |

# GUIDE DE CONVERSATION ARABE

Cette section contient des phrases importantes qui peuvent être utiles dans des situations courantes. Le guide vous aidera à demander des directions, clarifier le prix, acheter des billets et commander des plats au restaurant

T&P Books Publishing

# CONTENU DU GUIDE DE CONVERSATION

T&P Books Publishing

## Les essentiels

| | |
|---|---|
| Excusez-moi, … | law samaḥt, …<br>**لو سمحت، …** |
| Bonjour | as salāmu ʿalaykum<br>**السلام عليكم** |
| Merci | ʃukran<br>**شكرا** |
| Au revoir | maʿ as salāma<br>**مع السلامة** |
| Oui | naʿam<br>**نعم** |
| Non | la<br>**لا** |
| Je ne sais pas. | la aʿrif<br>**لا أعرف** |
| Où? \| Où? \| Quand? | ayna? \| ila ayna? \| mata?<br>**متى؟ \| إلى أين؟ \| أين؟** |

| | |
|---|---|
| J'ai besoin de … | ana aḥtāʒ ila …<br>**أنا أحتاج إلى…** |
| Je veux … | ana urīd …<br>**أنا أريد …** |
| Avez-vous … ? | hal ʿindak …?<br>**هل عندك… ؟** |
| Est-ce qu'il y a … ici? | hal yūʒad huna …?<br>**هل يوجد هنا …؟** |
| Puis-je … ? | hal yumkinuni …?<br>**هل يمكنني…؟** |
| s'il vous plaît (pour une demande) | … min faḍlak<br>**من فضلك …** |

| | |
|---|---|
| Je cherche … | abḥaθ ʿan …<br>**أبحث عن …** |
| les toilettes | ḥammām<br>**حمام** |
| un distributeur | mākīnat ṣarrāf ʾāliy<br>**ماكينة صراف آلي** |
| une pharmacie | ṣaydaliyya<br>**صيدلية** |
| l'hôpital | mustaʃfa<br>**مستشفى** |
| le commissariat de police | qism aʃ ʃurṭa<br>**قسم شرطة** |
| une station de métro | mitru al anfāq<br>**مترو الأنفاق** |

| | |
|---|---|
| un taxi | taksi<br>**تاكسي** |
| la gare | mahattat al qitār<br>**محطة القطار** |

| | |
|---|---|
| Je m'appelle ... | ismi ...<br>**إسمي...** |
| Comment vous appelez-vous? | ma smuka?<br>**ما اسمك؟** |
| Aidez-moi, s'il vous plaît. | sāʿidni min faḍlak<br>**ساعدني من فضلك** |
| J'ai un problème. | ʿindi muʃkila<br>**عندي مشكلة** |
| Je ne me sens pas bien. | la aʃʿur bi χayr<br>**لا أشعر بخير** |
| Appelez une ambulance! | ittaṣil bil isʿāf!<br>**إتصل بالإسعاف!** |
| Puis-je faire un appel? | hal yumkinuni iʒrāʾ mukālama tilifūniyya?<br>**هل يمكنني إجراء مكالمة هاتفية؟** |

| | |
|---|---|
| Excusez-moi. | ana ʾāṣif<br>**أنا آسف** |
| Je vous en prie. | al ʿafw<br>**العفو** |

| | |
|---|---|
| je, moi | ana<br>**أنا** |
| tu, toi | anta<br>**أنت** |
| il | huwa<br>**هو** |
| elle | hiya<br>**هي** |
| ils | hum<br>**هم** |
| elles | hum<br>**هم** |
| nous | naḥnu<br>**نحن** |
| vous | antum<br>**أنتم** |
| Vous | ḥaḍritak<br>**حضرتك** |

| | |
|---|---|
| ENTRÉE | duχūl<br>**دخول** |
| SORTIE | χurūʒ<br>**خروج** |
| HORS SERVICE \| EN PANNE | muʿaṭṭal<br>**معطل** |
| FERMÉ | muɣlaq<br>**مغلق** |

| | |
|---|---|
| OUVERT | maftūḥ<br>**مفتوح** |
| POUR LES FEMMES | lis sayyidāt<br>**للسيدات** |
| POUR LES HOMMES | lir riʒāl<br>**للرجال** |

## Questions

| | |
|---|---|
| Où? (lieu) | ayna?<br>أين؟ |
| Où? (direction) | ila ayna?<br>إلى أين؟ |
| D'où? | min ayna?<br>من أين؟ |
| Pourquoi? | limāða?<br>لماذا؟ |
| Pour quelle raison? | li ayy sabab?<br>لأي سبب؟ |
| Quand? | mata?<br>متى؟ |
| Combien de temps? | kam waqt?<br>كم وقتا؟ |
| À quelle heure? | fi ayy sāʿa?<br>في أي ساعة؟ |
| C'est combien? | bikam?<br>بكم؟ |
| Avez-vous ... ? | hal ʿindak ...?<br>هل عندك ...؟ |
| Où est ..., s'il vous plaît? | ayna ...?<br>أين ...؟ |
| Quelle heure est-il? | as sāʿa kam?<br>الساعة كم؟ |
| Puis-je faire un appel? | hal yumkinuni iʒrāʾ mukālama tilifūniyya?<br>هل يمكنني إجراء مكالمة هاتفية؟ |
| Qui est là? | man hunāk?<br>من هناك؟ |
| Puis-je fumer ici? | hal yumkinuni at tadχīn huna?<br>هل يمكنني التدخين هنا؟ |
| Puis-je ...? | hal yumkinuni ...?<br>هل يمكنني ...؟ |

## Besoins

| | |
|---|---|
| Je voudrais ... | urīd an ...<br>أريد أن... |
| Je ne veux pas ... | la urīd an ...<br>لا أريد أن... |
| J'ai soif. | ana ʿatʃān<br>أنا عطشان |
| Je veux dormir. | urīd an anām<br>أريد أن أنام |
| Je veux ... | urīd an ...<br>أريد أن... |
| me laver | aɣtasil<br>أغتسل |
| brosser mes dents | unazzif asnāni<br>أنظف أسناني |
| me reposer un instant | astarīḥ qalīlan<br>أستريح قليلا |
| changer de vêtements | uɣayyir malābisi<br>أغير ملابسي |
| retourner à l'hôtel | arʒiʿ ilal funduq<br>أرجع إلى الفندق |
| acheter ... | aʃtari ...<br>أشتري ... |
| aller à ... | aðhab ila ...<br>أذهب إلى ... |
| visiter ... | azūr ...<br>أزور ... |
| rencontrer ... | uqābil ...<br>أقابل ... |
| faire un appel | uʒri mukālama hātifiyya<br>أجري مكالمة هاتفية |
| Je suis fatigué /fatiguée/ | ana taʿibt<br>أنا تعبت |
| Nous sommes fatigués /fatiguées/ | naḥnu taʿibna<br>نحن تعبنا |
| J'ai froid. | ana bardān<br>أنا بردان |
| J'ai chaud. | ana ḥarrān<br>أنا حران |
| Je suis bien. | ana bi xayr<br>أنا بخير |

| | |
|---|---|
| Il me faut faire un appel. | aḥtāʒ ila iʒrā' mukālama ḥātifiyya<br>أحتاج إلى إجراء مكالمة هاتفية |
| J'ai besoin d'aller aux toilettes. | aḥtāʒ ila ḥammām<br>أحتاج إلى حمام |
| Il faut que j'aille. | yaʒib 'alayya an aðhab<br>يجب علي أن أذهب |
| Je dois partir maintenant. | yaʒib 'alayya an aðhab al 'ān<br>يجب علي أن أذهب الآن |

## Comment demander la direction

| | |
|---|---|
| Excusez-moi, ... | law samaḥt, ...<br>**لو سمحت، ...** |
| Où est ..., s'il vous plaît? | ayna ...?<br>**أين ...؟** |
| Dans quelle direction est ... ? | ayna aṭ ṭarīq ila ...?<br>**أين الطريق إلى ...؟** |
| Pouvez-vous m'aider, s'il vous plaît ? | hal yumkinak musā'adati, min faḍlak?<br>**هل يمكنك مساعدتي، من فضلك؟** |
| Je cherche ... | abḥaθ 'an ...<br>**أبحث عن ...** |
| La sortie, s'il vous plaît? | abḥaθ 'an ṭarīq al χurūʒ<br>**أبحث عن طريق الخروج** |
| Je vais à ... | ana ðāhib ila...<br>**أنا ذاهب إلى...** |
| C'est la bonne direction pour ...? | hal ana 'alaṭ ṭarīq as ṣaḥīḥ ila ...?<br>**هل أنا على الطريق الصحيح إلى... ؟** |
| C'est loin? | hal huwa ba'īd?<br>**هل هو بعيد؟** |
| Est-ce que je peux y aller à pied? | hal yumkinuni an aṣil ila hunāk māʃiyan?<br>**هل يمكنني أن أصل إلى هناك ماشيا؟** |
| Pouvez-vous me le montrer sur la carte? | arīni 'alal χarīṭa min faḍlak<br>**أريني على الخريطة من فضلك** |
| Montrez-moi où sommes-nous, s'il vous plaît. | arīni naḥnu ayna al 'ān<br>**أريني أين نحن الآن** |
| Ici | huna<br>**هنا** |
| Là-bas | hunāk<br>**هناك** |
| Par ici | min huna<br>**من هنا** |
| Tournez à droite. | in'aṭif yamīnan<br>**إنعطف يمينا** |
| Tournez à gauche. | in'aṭif yasāran<br>**إنعطف يسارا** |
| Prenez la première (deuxième, troisième) rue. | awwal (θāni, θāliθ) ʃāri'<br>**أول (ثاني، ثالث) شارع** |

| | |
|---|---|
| à droite | ilal yamīn<br>**إلى اليمين** |
| à gauche | ilal yasār<br>**إلى اليسار** |
| Continuez tout droit. | iðhab ilal amām mubāʃaratan<br>**إذهب إلى أمام مباشرة** |

## Affiches, Pancartes

| | |
|---|---|
| BIENVENUE! | marḥaban<br>**مرحبا** |
| ENTRÉE | duχūl<br>**دخول** |
| SORTIE | χurūʒ<br>**خروج** |
| POUSSEZ | idfa'<br>**إدفع** |
| TIREZ | isḥab<br>**إسحب** |
| OUVERT | maftūḥ<br>**مفتوح** |
| FERMÉ | muɣlaq<br>**مغلق** |
| POUR LES FEMMES | lis sayyidāt<br>**للسيدات** |
| POUR LES HOMMES | lir riʒāl<br>**للرجال** |
| MESSIEURS (m) | ar riʒāl<br>**الرجال** |
| FEMMES (f) | as sayyidāt<br>**السيدات** |
| RABAIS \| SOLDES | taχfīḍāt<br>**تخفيضات** |
| PROMOTION | 'ūkazyūn<br>**أوكازيون** |
| GRATUIT | maʒʒānan<br>**مجانا** |
| NOUVEAU! | ʒadīd!<br>**جديد!** |
| ATTENTION! | intabih!<br>**إنتبه!** |
| COMPLET | la tūʒad ɣuraf χāliya<br>**لا توجد غرف خالية** |
| RÉSERVÉ | maḥʒūz<br>**محجوز** |
| ADMINISTRATION | al idāra<br>**الإدارة** |
| PERSONNEL SEULEMENT | lil 'āmilīn faqaṭ<br>**للعاملين فقط** |

| | |
|---|---|
| ATTENTION AU CHIEN! | iḥtaris min al kalb!<br>!إحترس من الكلب |
| NE PAS FUMER! | mamnūʿ at tadχīn!<br>!ممنوع التدخين |
| NE PAS TOUCHER! | mamnūʿ al lams!<br>!ممنوع اللمس |
| DANGEREUX | χaṭīr<br>خطير |
| DANGER | χaṭar<br>خطر |
| HAUTE TENSION | ʒuhd ʿāli<br>جهد عالي |
| BAIGNADE INTERDITE! | mamnūʿ as sibāḥa!<br>!ممنوع السباحة |
| HORS SERVICE \| EN PANNE | muʿaṭṭal<br>معطل |
| INFLAMMABLE | qābil lil iʃtiʿāl<br>قابل للإشتعال |
| INTERDIT | mamnūʿ<br>ممنوع |
| ENTRÉE INTERDITE! | mamnūʿ at taʿaddi!<br>!ممنوع التعدي |
| PEINTURE FRAÎCHE | ṭilāʾ ḥadīθ<br>طلاء حديث |
| FERMÉ POUR TRAVAUX | muɣlaq lit taʒdīdāt<br>مغلق للتجديدات |
| TRAVAUX EN COURS | amāmak aʿmāl fiṭ ṭarīq<br>أمامك أعمال طرق |
| DÉVIATION | taḥwīla<br>تحويلة |

## Transport - Phrases générales

| | |
|---|---|
| avion | ṭā'ira<br>**طائرة** |
| train | qiṭār<br>**قطار** |
| bus, autobus | ḥāfila<br>**حافلة** |
| ferry | safīna<br>**سفينة** |
| taxi | taksi<br>**تاكسي** |
| voiture | sayyāra<br>**سيارة** |
| horaire | ʒadwal<br>**جدول** |
| Où puis-je voir l'horaire? | ayna yumkinuni an ara al ʒadwal?<br>**أين يمكنني أن أرى الجدول؟** |
| jours ouvrables | ayyām al usbū'<br>**أيام الأسبوع** |
| jours non ouvrables | nihāyat al usbū'<br>**نهاية الأسبوع** |
| jours fériés | ayyām al 'uṭla ar rasmiyya<br>**أيام العطلة الرسمية** |
| DÉPART | al muɣādara<br>**المغادرة** |
| ARRIVÉE | al wuṣūl<br>**الوصول** |
| RETARDÉE | muta'aχχira<br>**متأخرة** |
| ANNULÉE | ulɣiyat<br>**ألغيت** |
| prochain (train, etc.) | al qādim<br>**القادم** |
| premier | al awwal<br>**الأول** |
| dernier | al aχīr<br>**الأخير** |
| À quelle heure est le prochain ...? | mata al ... al qādim?<br>**متى الـ ... القادم؟** |
| À quelle heure est le premier ...? | mata awwal ...?<br>**متى أول ...؟** |

| | |
|---|---|
| À quelle heure est le dernier ...? | mata 'āχir ...?<br>**متى آخر ...؟** |
| correspondance | taɣyīr<br>**تغيير** |
| prendre la correspondance | uɣayyir<br>**أغير** |
| Dois-je prendre la correspondance? | hal yaʒib ʿalayya taɣyīr al ...?<br>**هل يجب علي تغيير الـ...؟** |

## Acheter un billet

| | |
|---|---|
| Où puis-je acheter des billets? | ayna yumkinuni ʃirā' tazākir?<br>**أين يمكنني شراء التذاكر؟** |
| billet | taðkara<br>**تذكرة** |
| acheter un billet | ʃirā' at taðkira<br>**شراء تذكرة** |
| le prix d'un billet | si'r at taðkira<br>**سعر التذكرة** |
| Pour aller où? | ila ayna?<br>**إلى أين؟** |
| Quelle destination? | ila ayy mahatta?<br>**إلى أي محطة؟** |
| Je voudrais ... | ana urīd ...<br>**أنا أريد ...** |
| un billet | taðkara wāḥida<br>**تذكرة واحدة** |
| deux billets | taðkaratayn<br>**تذكرتين** |
| trois billets | θalāθat taðākir<br>**ثلاث تذاكر** |
| aller simple | ðahāb faqaṭ<br>**ذهاب فقط** |
| aller-retour | ðahāban wa iyāban<br>**ذهابا وإيابا** |
| première classe | ad daraʒa al ūla<br>**الدرجة الأولى** |
| classe économique | ad daraʒa aθ θāniya<br>**الدرجة الثانية** |
| aujourd'hui | al yawm<br>**اليوم** |
| demain | ɣadan<br>**غدا** |
| après-demain | ba'd ɣad<br>**بعد غد** |
| dans la matinée | fis ṣabāḥ<br>**في الصباح** |
| l'après-midi | ba'd aẓ ẓuhr<br>**بعد الظهر** |
| dans la soirée | fil masā'<br>**في المساء** |

| | |
|---|---|
| siège côté couloir | maq'ad bi ʒānib al mamarr<br>**مقعد بجانب الممر** |
| siège côté fenêtre | maq'ad bi ʒānib an nāfiða<br>**مقعد بجانب النافذة** |
| C'est combien? | bikam?<br>**بكم؟** |
| Puis-je payer avec la carte? | hal yumkinuni an adfa' bi biṭāqat i'timān?<br>**هل يمكنني أن أدفع ببطاقة إئتمان؟** |

## L'autobus

| | |
|---|---|
| bus, autobus | ḥāfila<br>حافلة |
| autocar | ḥāfila bayn al mudun<br>حافلة بين المدن |
| arrêt d'autobus | mahaṭṭat al ḥāfilāt<br>محطة الحافلات |
| Où est l'arrêt d'autobus le plus proche? | ayna aqrab mahaṭṭat al ḥāfilāt?<br>أين أقرب محطة الحافلات؟ |
| numéro | raqm<br>رقم |
| Quel bus dois-je prendre pour aller à ...? | ayy ḥāfila ta'χuðuni ila ...?<br>أي حافلة تأخذني إلى...؟ |
| Est-ce que ce bus va à ...? | hal taðhab haðihil ḥāfila ila ...?<br>هل تذهب هذه الحافلة إلى...؟ |
| L'autobus passe tous les combien? | kam marra taðhab al hāfilāt?<br>كم مرة تذهب الحافلات؟ |
| chaque quart d'heure | kull χams 'aʃara daqīqa<br>كل 15 دقيقة |
| chaque demi-heure | kull niṣf sā'a<br>كل نصف ساعة |
| chaque heure | kull sā'a<br>كل ساعة |
| plusieurs fois par jour | 'iddat marrāt fil yawm<br>عدة مرات في اليوم |
| ... fois par jour | ... marrāt fil yawm<br>... مرات في اليوم |
| horaire | ʒadwal<br>جدول |
| Où puis-je voir l'horaire? | ayna yumkinuni an ara al ʒadwal?<br>أين يمكنني أن أرى الجدول؟ |
| À quelle heure passe le prochain bus? | mata al ḥāfila al qādima?<br>متى الحافلة القادمة؟ |
| À quelle heure passe le premier bus? | mata awwal ḥāfila?<br>متى أول حافلة؟ |
| À quelle heure passe le dernier bus? | mata 'āχir ḥāfila?<br>متى آخر حافلة؟ |
| arrêt | mahaṭṭa<br>محطة |
| prochain arrêt | al mahaṭṭa al qādima<br>المحطة القادمة |

| | |
|---|---|
| terminus | āχir mahaṭṭa<br>**آخر محطة** |
| Pouvez-vous arrêter ici, s'il vous plaît. | qif huna min faḍlak<br>**قف هنا من فضلك** |
| Excusez-moi, c'est mon arrêt. | law samaḥt, haðihi maḥaṭṭati<br>**لو سمحت، هذه محطتي** |

# Train

| | |
|---|---|
| train | qiṭār<br>قطار |
| train de banlieue | qiṭār aḍ ḍawāḥi<br>قطار الضواحي |
| train de grande ligne | qiṭār al masāfāt aṭ ṭawīla<br>قطار المسافات الطويلة |
| la gare | maḥaṭṭat al qiṭārāt<br>محطة القطارات |
| Excusez-moi, où est la sortie vers les quais? | law samaḥt, ayna aṭ ṭarīq ilar raṣīf<br>لو سمحت، أين الطريق إلى الرصيف؟ |
| Est-ce que ce train va à ...? | ha yatawaʒʒah haðal qiṭār ila ...?<br>هل يتوجه هذا القطار إلى ...؟ |
| le prochain train | al qiṭār al qādim<br>القطار القادم |
| À quelle heure est le prochain train? | mata al qiṭār al qādim?<br>متى القطار القادم؟ |
| Où puis-je voir l'horaire? | ayna yumkinuni an ara al ʒadwal?<br>أين يمكنني أن أرى الجدول؟ |
| De quel quai? | min ayy raṣīf?<br>من أي رصيف؟ |
| À quelle heure arrive le train à ...? | mata yaṣil al qiṭār ila ...?<br>متى يصل القطار إلى... ؟ |
| Pouvez-vous m'aider, s'il vous plaît? | sāʿidni min faḍlak<br>ساعدني من فضلك |
| Je cherche ma place. | ana abḥaθ ʿan maqʿadi<br>أنا أبحث عن مقعدي |
| Nous cherchons nos places. | naḥnu nabḥaθ ʿan maqāʿidina<br>نحن نبحث عن مقاعدنا |
| Ma place est occupée. | maqʿadi maʃɣūl<br>مقعدي مشغول |
| Nos places sont occupées. | maqāʿiduna maʃɣūla<br>مقاعدنا مشغولة |
| Excusez-moi, mais c'est ma place. | ana ʾāsif lakin haða maqʿadi<br>أنا آسف، ولكن هذا مقعدي |
| Est-ce que cette place est libre? | hal haðal maqʿad maḥʒūz?<br>هل هذا المقعد محجوز؟ |
| Puis-je m'asseoir ici? | hal yumkinuni an aqʿud huna?<br>هل يمكنني أن أقعد هنا؟ |

## Sur le train - Dialogue (Pas de billet)

| | |
|---|---|
| Votre billet, s'il vous plaît. | taðākir min faḍlak<br>تذاكر من فضلك |
| Je n'ai pas de billet. | laysat 'indi taðkira<br>ليست عندي تذكرة |
| J'ai perdu mon billet. | taðkarati ḍā'at<br>تذكرتي ضاعت |
| J'ai oublié mon billet à la maison. | nasīt taðkirati fil bayt<br>نسيت تذكرتي في البيت |
| Vous pouvez m'acheter un billet. | yumkinak an taʃtari minni taðkira<br>يمكنك أن تشتري مني تذكرة |
| Vous devrez aussi payer une amende. | kama yaʒib 'alayk an tadfa' ɣarāma<br>كما يجب عليك أن تدفع غرامة |
| D'accord. | ḥasanan<br>حسنا |
| Où allez-vous? | ila ayna taðhab?<br>إلى أين تذهب؟ |
| Je vais à ... | aðhab ila ...<br>أذهب إلى ... |
| Combien? Je ne comprend pas. | bikam? ana la afham<br>بكم؟ أنا لا أفهم |
| Pouvez-vous l'écrire, s'il vous plaît. | uktubha min faḍlak<br>إكتبها من فضلك |
| D'accord. Puis-je payer avec la carte? | ḥasanan. hal yumkinuni an adfa' bi bitāqat i'timān?<br>حسنا. هل يمكنني أن أدفع ببطاقة إئتمان؟ |
| Oui, bien sûr. | na'am yumkinuk<br>نعم يمكنك |
| Voici votre reçu. | tafaḍḍal al 'īṣāl<br>تفضل الإيصال |
| Désolé pour l'amende. | 'āsif bi χuṣūṣ al ɣarāma<br>أنا آسف بخصوص الغرامة |
| Ça va. C'est de ma faute. | laysa hunāk ayy muʃkila. haðihi ɣalṭati<br>ليس هناك أي مشكلة. هذه غلطتي |
| Bon voyage. | istamta' bi riḥlatak<br>إستمتع برحلتك |

## Taxi

| | |
|---|---|
| taxi | taksi<br>**تاكسي** |
| chauffeur de taxi | sā'iq at taksi<br>**سائق التاكسي** |
| prendre un taxi | 'āχuð taksi<br>**أخذ تاكسي** |
| arrêt de taxi | mawqif taksi<br>**موقف تاكسي** |
| Où puis-je trouver un taxi? | ayna yumkinuni an 'āχuð taksi?<br>**أين يمكنني أن آخذ تاكسي؟** |
| appeler un taxi | ṭalab taksi<br>**طلب تاكسي** |
| Il me faut un taxi. | aḥtāʒ ila taksi<br>**أحتاج إلى تاكسي** |
| maintenant | al 'ān<br>**الآن** |
| Quelle est votre adresse? | ma huwa 'unwānak?<br>**ما هو عنوانك؟** |
| Mon adresse est ... | 'unwāni fi ...<br>**عنواني في ...** |
| Votre destination? | ila ayna taðhab?<br>**إلى أين تذهب؟** |

| | |
|---|---|
| Excusez-moi, ... | law samaḥt, ...<br>**لو سمحت، ...** |
| Vous êtes libre ? | hal anta fāḍy?<br>**هل أنت فاض؟** |
| Combien ça coûte pour aller à ...? | kam adfa' li aṣil ila ...?<br>**كم أدفع لأصل إلى...؟** |
| Vous savez où ça se trouve? | hal ta'rif ayna hiya?<br>**هل تعرف أين هي؟** |

| | |
|---|---|
| À l'aéroport, s'il vous plaît. | ilal maṭār min faḍlak<br>**إلى المطار من فضلك** |
| Arrêtez ici, s'il vous plaît. | qif huna min faḍlak<br>**قف هنا، من فضلك** |
| Ce n'est pas ici. | innaha laysat huna<br>**إنها ليست هنا** |
| C'est la mauvaise adresse. | al 'unwān χāṭi'<br>**العنوان خاطئ** |
| tournez à gauche | in'aṭif ilal yasār<br>**إنعطف إلى اليسار** |
| tournez à droite | in'aṭif ilal yamīn<br>**إنعطف إلى اليمين** |

| | |
|---|---|
| Combien je vous dois? | kam ana mudīn lak?<br>كم أنا مدين لك؟ |
| J'aimerais avoir un reçu, s'il vous plaît. | a'ṭini 'īṣāl min faḍlak.<br>أعطني إيصالا، من فضلك. |
| Gardez la monnaie. | iḥtafiẓ bil bāqi<br>إحتفظ بالباقي |

| | |
|---|---|
| Attendez-moi, s'il vous plaît ... | intaẓirni min faḍlak<br>إنتظرني من فضلك |
| cinq minutes | χams daqā'iq<br>خمس دقائق |
| dix minutes | 'aʃar daqā'iq<br>عشر دقائق |
| quinze minutes | rub' sā'a<br>ربع ساعة |
| vingt minutes | θulθ sā'a<br>ثلث ساعة |
| une demi-heure | niṣf sā'a<br>نصف ساعة |

## Hôtel

| | |
|---|---|
| Bonjour. | as salāmu ʿalaykum<br>**السلام عليكم** |
| Je m'appelle … | ismi …<br>**إسمي …** |
| J'ai réservé une chambre. | ʿindi ḥaʒz<br>**لدي حجز** |
| Je voudrais … | urīd …<br>**أريد …** |
| une chambre simple | ɣurfa li ʃaχṣ wāḥid<br>**غرفة لشخص واحد** |
| une chambre double | ɣurfa li ʃaχṣayn<br>**غرفة لشخصين** |
| C'est combien? | kam siʿruha?<br>**كم سعرها؟** |
| C'est un peu cher. | hiya ɣāliya<br>**هي غالية** |
| Avez-vous autre chose? | hal ʿindak χiyārāt uχra?<br>**هل عندك خيارات أخرى؟** |
| Je vais la prendre. | āχuðuha<br>**آخذها** |
| Je vais payer comptant. | adfaʿ naqdan<br>**أدفع نقدا** |
| J'ai un problème. | ʿindi muʃkila<br>**عندي مشكلة** |
| Mon … est cassé /Ma … est cassée/ | … muʿaṭṭal<br>**… معطل** |
| Mon /Ma/ … ne fonctionne pas. | … muʿaṭṭal /muʿaṭṭala/<br>**/معطل /معطلة…** |
| télé | at tilivizyūn<br>**التليفزيون** |
| air conditionné | at takyīf<br>**التكييف** |
| robinet | al ḥanafiyya<br>**الحنفية** |
| douche | ad duʃ<br>**الدوش** |
| évier | al ḥawḍ<br>**الحوض** |
| coffre-fort | al χazīna<br>**الخزينة** |

| | |
|---|---|
| serrure de porte | qifl al bāb<br>قفل الباب |
| prise électrique | maχraʒ al kahrabā'<br>مخرج الكهرباء |
| sèche-cheveux | muʒaffif aʃ ʃa'r<br>مجفف الشعر |
| Je n'ai pas ... | laysa ladayya ...<br>ليس لدي ... |
| d'eau | mā'<br>ماء |
| de lumière | nūr<br>نور |
| d'électricité | kahrabā'<br>كهرباء |
| Pouvez-vous me donner ...? | hal yumkinak an ta'ṭīni ...?<br>هل يمكنك أن تعطيني ...؟ |
| une serviette | fūṭa<br>فوطة |
| une couverture | baṭṭāniyya<br>بطانية |
| des pantoufles | ʃabāʃib<br>شباشب |
| une robe de chambre | rūb<br>روب |
| du shampoing | ʃambu<br>شامبو |
| du savon | ṣābūn<br>صابون |
| Je voudrais changer ma chambre. | urīd an uɣayyir al ɣurfa<br>أريد أن أغير الغرفة |
| Je ne trouve pas ma clé. | la astaṭī' an aʒid miftāḥi<br>لا أستطيع أن أجد مفتاحي |
| Pourriez-vous ouvrir ma chambre, s'il vous plaît? | iftaḥ ɣurfati min faḍlak<br>إفتح غرفتي من فضلك |
| Qui est là? | man hunāk?<br>من هناك؟ |
| Entrez! | tafaḍḍal!<br>تفضل! |
| Une minute! | daqīqa wāḥida!<br>دقيقة واحدة! |
| Pas maintenant, s'il vous plaît. | laysa al 'ān min faḍlak<br>ليس الآن من فضلك |
| Pouvez-vous venir à ma chambre, s'il vous plaît. | ta'āla ila ɣurfati law samaḥt<br>تعال إلى غرفتي لو سمحت |
| J'aimerais avoir le service d'étage. | urīd an yuḥdar aṭ ṭa'ām ila ɣurfati<br>أريد أن يحضر الطعام إلى غرفتي |
| Mon numéro de chambre est le ... | raqm gurfati huwa ...<br>رقم غرفتي هو ... |

| | |
|---|---|
| Je pars ... | uɣādir ...<br>**أغادر ...** |
| Nous partons ... | nuɣādir ...<br>**نغادر ...** |
| maintenant | al ʾān<br>**الآن** |
| cet après-midi | baʿd aẓ ẓuhr<br>**بعد الظهر** |
| ce soir | masāʾ al yawm<br>**مساء اليوم** |
| demain | ɣadan<br>**غداً** |
| demain matin | ṣabāḥ al ɣad<br>**صباح الغد** |
| demain après-midi | masāʾ al ɣad<br>**مساء الغد** |
| après-demain | baʿd ɣad<br>**بعد غد** |

| | |
|---|---|
| Je voudrais régler mon compte. | urīd an adfaʿ<br>**أريد أن أدفع** |
| Tout était merveilleux. | kull ʃayʾ kān rāʾiʿ<br>**كل شيء كان رائعا** |
| Où puis-je trouver un taxi? | ayna yumkinuni an ʾāχuð taksi?<br>**أين يمكنني أن آخذ تاكسي؟** |
| Pourriez-vous m'appeler un taxi, s'il vous plaît? | hal yumkinak an taṭlub li taksi law samaḥt?<br>**هل يمكنك أن تطلب لي تاكسي لو سمحت؟** |

## Restaurant

| | |
|---|---|
| Puis-je voir le menu, s'il vous plaît? | hal yumkinuni an ara qā'imat aṭ ṭa'ām min faḍlak?<br>هل يمكنني أن أرى قائمة الطعام من فضلك؟ |
| Une table pour une personne. | mā'ida li ʃaχṣ wāḥid<br>مائدة لشخص واحد |
| Nous sommes deux (trois, quatre). | naḥnu iθnān (θalāθa, arba'a)<br>نحن إثنان (ثلاثة، أربعة) |
| Fumeurs | lil mudaχχinīn<br>للمدخنين |
| Non-fumeurs | li ɣayr al mudaχχinīn<br>لغير المدخنين |
| S'il vous plaît! | law samaḥt<br>لو سمحت |
| menu | qā'imat aṭ ṭa'ām<br>قائمة الطعام |
| carte des vins | qā'imat an nabīð<br>قائمة النبيذ |
| Le menu, s'il vous plaît. | al qā'ima, law samaḥt<br>القائمة، لو سمحت |
| Êtes-vous prêts à commander? | hal anta musta'idd liṭ ṭalab?<br>هل أنت مستعد للطلب؟ |
| Qu'allez-vous prendre? | māḏa tā'χuð?<br>ماذا تأخذ؟ |
| Je vais prendre ... | ana 'āhχuð ...<br>أنا آخذ ... |
| Je suis végétarien. | ana nabātiy<br>أنا نباتي |
| viande | laḥm<br>لحم |
| poisson | samak<br>سمك |
| légumes | χuḍār<br>خضار |
| Avez-vous des plats végétariens? | hal 'indak aṭbāq nabātiyya?<br>هل عندك أطباق نباتية؟ |
| Je ne mange pas de porc. | la 'ākul al χinzīr<br>لا آكل لحم الخنزير |
| Il /elle/ ne mange pas de viande. | huwa la ya'kul /hiya la ta'kul / al laḥm<br>هو لا يأكل /هي لا تأكل/ اللحم |
| Je suis allergique à ... | 'indi ḥassāsiyya ḍidda ...<br>عندي حساسية ضد ... |

| | |
|---|---|
| Pourriez-vous m'apporter ..., s'il vous plaît. | aḥḍir li ... min faḍlak<br>**أحضر لي... من فضلك** |
| le sel \| le poivre \| du sucre | milḥ \| filfil \| sukkar<br>**سكر ا فلفل ا ملح** |
| un café \| un thé \| un dessert | qahwa \| ʃāy \| ḥalwa<br>**حلوى ا شاي ا قهوة** |
| de l'eau \| gazeuse \| plate | miyāh \| ɣāziyya \| bidūn ɣāz<br>**بدون غاز ا غازية ا مياه** |
| une cuillère \| une fourchette \| un couteau | milʿaqa \| ʃawka \| sikkīn<br>**سكين ا شوكة ا ملعقة** |
| une assiette \| une serviette | ṭabaq \| fūṭa<br>**فوطة اطبق** |
| Bon appétit! | bil hināʾ waʃ ʃifāʾ<br>**بالهناء والشفاء** |
| Un de plus, s'il vous plaît. | wāḥida kamān law samaḥt<br>**واحدة كمان من فضلك** |
| C'était délicieux. | kānat laðīða giddan<br>**كانت لذيذة جدا** |
| l'addition \| de la monnaie \| le pourboire | ḥisāb \| fakka \| baqʃīʃ<br>**بقشيش ا فكة ا حساب** |
| L'addition, s'il vous plaît. | aḥḍir li al ḥisāb min faḍlak?<br>**أحضر لي الحساب من فضلك** |
| Puis-je payer avec la carte? | hal yumkinuni an adfaʿ bi biṭāqat iʾtimān?<br>**هل يمكنني أن أدفع ببطاقة إئتمان؟** |
| Excusez-moi, je crois qu'il y a une erreur ici. | ana ʾāsif, hunāk χaṭaʾ<br>**أنا آسف، هناك خطأ** |

## Shopping. Faire les Magasins

| | |
|---|---|
| Est-ce que je peux vous aider? | momken usā'idak?<br>**هل أستطيع أن أساعدك؟** |
| Avez-vous ... ? | hal 'indak ...?<br>**هل عندك ...؟** |
| Je cherche ... | ana abḥaθ 'an ...<br>**أنا أبحث عن ...** |
| Il me faut ... | urīd ...<br>**أريد ...** |
| Je regarde seulement, merci. | ana faqat anẓur<br>**أنا فقط أنظر** |
| Nous regardons seulement, merci. | naḥnu faqat nanẓur<br>**نحن فقط ننظر** |
| Je reviendrai plus tard. | sa'a'ūd lāḥiqan<br>**سأعود لاحقا** |
| On reviendra plus tard. | sana'ūd lāḥiqan<br>**سنعود لاحقا** |
| Rabais \| Soldes | taχfīḍāt \| 'ūkazyūn<br>**أوكازيونا تخفيضات** |
| Montrez-moi, s'il vous plaît ... | arīni ... min faḍlak<br>**أريني ... من فضلك** |
| Donnez-moi, s'il vous plaît ... | a'ṭini ... min faḍlak<br>**أعطني ... من فضلك** |
| Est-ce que je peux l'essayer? | hal yumkin an uʒarribahu?<br>**هل يمكن أن أجربه؟** |
| Excusez-moi, où est la cabine d'essayage? | law samaḥt, ayna ɣurfat al qiyās?<br>**لو سمحت، أين غرفة القياس؟** |
| Quelle couleur aimeriez-vous? | ayy lawn turīd?<br>**أي لون تريد؟** |
| taille \| longueur | maqās \| ṭūl<br>**طول امقاس** |
| Est-ce que la taille convient ? | hal yunāsibak?<br>**هل يناسبك؟** |
| Combien ça coûte? | bikam?<br>**بكم؟** |
| C'est trop cher. | haða ɣāli ʒiddan<br>**هذا غال جدا** |
| Je vais le prendre. | aʃtarīhi<br>**أشتريه** |
| Excusez-moi, où est la caisse? | ayna yumkinuni an adfa' law samaḥt?<br>**أين يمكنني أن أدفع لو سمحت؟** |

| | |
|---|---|
| Payerez-vous comptant ou par carte de crédit? | hal tadfaʿ naqḍan aw bi biṭāqat iʾtimān?<br>هل تدفع نقدا أو ببطاقة إئتمان؟ |
| Comptant \| par carte de crédit | naqdan \| bi biṭāqat iʾtimān<br>ببطاقة إئتمان ا نقدا |

| | |
|---|---|
| Voulez-vous un reçu? | hal turīd ʾīṣāl?<br>هل تريد إيصالا؟ |
| Oui, s'il vous plaît. | naʿam, min faḍlak<br>نعم، من فضلك |
| Non, ce n'est pas nécessaire. | la, laysa hunāk ayy moʃkila<br>لا، ليس هناك أي مشكلة |
| Merci. Bonne journée! | ʃukran. yawmak saʿīd<br>شكرا. يومك سعيد |

## En ville

| | |
|---|---|
| Excusez-moi, ... | law samaḥt<br>لو سمحت |
| Je cherche ... | ana abḥaθ ʻan ...<br>أنا أبحث عن ... |
| le métro | mitru al anfāq<br>مترو الأنفاق |
| mon hôtel | funduqi<br>فندقي |
| le cinéma | as sinima<br>السينما |
| un arrêt de taxi | mawqif taksi<br>موقف تاكسي |
| un distributeur | mākīnat ṣarrāf ʼāliy<br>ماكينة صراف آلي |
| un bureau de change | maktab ṣarrāfa<br>مكتب صرافة |
| un café internet | maqha intirnit<br>مقهى انترنت |
| la rue ... | ʃāriʻ...<br>شارع ... |
| cette place-ci | haðal makān<br>هذا المكان |
| Savez-vous où se trouve ...? | hal taʻrif ayna ...?<br>هل تعرف أين ...؟ |
| Quelle est cette rue? | ma ism haðaʃ ʃāriʻ?<br>ما اسم هذا الشارع؟ |
| Montrez-moi où sommes-nous, s'il vous plaît. | arīni naḥnu ayna al ʼān?<br>أريني أين نحن الآن؟ |
| Est-ce que je peux y aller à pied? | hal yumkinuni an aṣil ila hunāk māʃiyan?<br>هل يمكنني أن أصل إلى هناك ماشيا؟ |
| Avez-vous une carte de la ville? | hal ʻindak χarīṭa lil madīna?<br>هل عندك خريطة للمدينة؟ |
| C'est combien pour un ticket? | bikam taðkarat ad duχūl?<br>بكم تذكرة الدخول؟ |
| Est-ce que je peux faire des photos? | hal yumkinuni at taṣwīr huna?<br>هل يمكنني التصوير هنا؟ |
| Êtes-vous ouvert? | hal ... maftūḥ?<br>هل ... مفتوح؟ |

| | |
|---|---|
| À quelle heure ouvrez-vous? | mata taftaḥūn?<br>**متى تفتحون؟** |
| À quelle heure fermez-vous? | mata tuɣliqūn?<br>**متى تغلقون؟** |

# L'argent

| | |
|---|---|
| argent | nuqūd<br>نقود |
| argent liquide | naqd<br>نقد |
| des billets | ʿumla waraqiyya<br>عملة ورقية |
| petite monnaie | fakka<br>فكة |
| l'addition \| de la monnaie \| le pourboire | ḥisāb \| fakka \| baqʃiʃ<br>حساب \| فكة \| بقشيش |
| carte de crédit | bitāqat iʾtimān<br>بطاقة إئتمان |
| portefeuille | maḥfaẓat nuqūd<br>محفظة نقود |
| acheter | ʃirāʾ<br>شراء |
| payer | dafʿ<br>دفع |
| amende | ɣarāma<br>غرامة |
| gratuit | maʒʒānan<br>مجانا |
| Où puis-je acheter … ? | ayna yumkinuni ʃirāʾ …?<br>أين يمكنني شراء …؟ |
| Est-ce que la banque est ouverte en ce moment? | hal al bank maftūḥ al ʾān?<br>هل البنك مفتوح الآن؟ |
| À quelle heure ouvre-t-elle? | mata taftaḥ?<br>متى يفتح؟ |
| À quelle heure ferme-t-elle? | mata yuɣliq?<br>متى يغلق؟ |
| C'est combien? | bikam?<br>بكم؟ |
| Combien ça coûte? | bikam haða?<br>بكم هذا؟ |
| C'est trop cher. | haða ɣāli ʒiddan<br>هذا غال جدا |
| Excusez-moi, où est la caisse? | ayna yumkinuni an adfaʿ law samaḥt?<br>أين يمكنني أن أدفع لو سمحت؟ |
| L'addition, s'il vous plaît. | al ḥisāb min faḍlak<br>الحساب من فضلك |

| | |
|---|---|
| Puis-je payer avec la carte? | hal yumkinuni an adfaʿ bi biṭāqat iʾtimān?<br>هل يمكنني أن أدفع ببطاقة إئتمان؟ |
| Est-ce qu'il y a un distributeur ici? | hal tūʒad huna mākīnat ṣarrāf ʾāliy?<br>هل توجد هنا ماكينة صراف آلي؟ |
| Je cherche un distributeur. | ana abḥaθ ʿan mākīnat ṣarrāf ʾāliy<br>أنا أبحث عن ماكينة صراف آلي |

| | |
|---|---|
| Je cherche un bureau de change. | ana abḥaθ ʿan maktab ṣarrāfa<br>أنا أبحث عن مكتب صرافة |
| Je voudrais changer ... | urīd taɣyīr ...<br>أريد تغيير ... |
| Quel est le taux de change? | kam siʿr al ʿumla?<br>كم سعر العملة؟ |
| Avez-vous besoin de mon passeport? | hal taḥtāʒ ila ʒawāz safari?<br>هل تحتاج إلى جواز سفري؟ |

## Le temps

| | |
|---|---|
| Quelle heure est-il? | as sāʿa kam?<br>**الساعة كم؟** |
| Quand? | mata?<br>**متى؟** |
| À quelle heure? | fi ayy sāʿa?<br>**في أي ساعة؟** |
| maintenant \| plus tard \| après ... | al ʾān \| fi waqt lāḥiq \| baʿd ...<br>**الآن \| في وقت لاحق \| بعد ...** |
| une heure | as sāʿa al wāḥida<br>**الساعة الواحدة** |
| une heure et quart | as sāʿa al wāḥida wa ar rubʿ<br>**الساعة الواحدة والربع** |
| une heure et demie | as sāʿa al wāḥida wa an niṣf<br>**الساعة الواحدة والنصف** |
| deux heures moins quart | as sāʿa aθ θāniya illa rubʿ<br>**الساعة الثانية إلا ربعا** |
| un \| deux \| trois | al wāḥida \| aθ θāniya \| aθ θāliθa<br>**الواحدة \| الثانية \| الثالثة** |
| quatre \| cinq \| six | ar rābiʿa \| al χāmisa \| as sādisa<br>**الرابعة \| الخامسة \| السادسة** |
| sept \| huit \| neuf | as sābiʿa \| aθ θāmina \| at tāsiʿa<br>**السابعة \| الثامنة \| التاسعة** |
| dix \| onze \| douze | al ʿāʃira \| al ḥādiya ʿaʃara \|<br>aθ θāniya ʿaʃara<br>**العاشرة \| الحادية عشرة \| الثانية عشرة** |
| dans ... | baʿd ...<br>**بعد ...** |
| cinq minutes | χams daqāʾiq<br>**خمس دقائق** |
| dix minutes | ʿaʃar daqāʾiq<br>**عشر دقائق** |
| quinze minutes | rubʿ sāʿa<br>**ربع ساعة** |
| vingt minutes | θulθ sāʿa<br>**ثلث ساعة** |
| une demi-heure | niṣf sāʿa<br>**نصف ساعة** |
| une heure | sāʿa<br>**ساعة** |

| | |
|---|---|
| dans la matinée | fiṣ ṣabāḥ<br>**في الصباح** |
| tôt le matin | fiṣ ṣabāḥ al bākir<br>**في الصباح الباكر** |
| ce matin | ṣabāḥ al yawm<br>**صباح اليوم** |
| demain matin | ṣabāḥ al ɣad<br>**صباح الغد** |
| à midi | fi muntaṣif an nahār<br>**في منتصف النهار** |
| dans l'après-midi | ba'd aẓ ẓuhr<br>**بعد الظهر** |
| dans la soirée | fil masā'<br>**في المساء** |
| ce soir | masā' al yawm<br>**مساء اليوم** |
| la nuit | bil layl<br>**بالليل** |
| hier | amṣ<br>**أمس** |
| aujourd'hui | al yawm<br>**اليوم** |
| demain | ɣadan<br>**غدا** |
| après-demain | ba'd ɣad<br>**بعد غد** |
| Quel jour sommes-nous aujourd'hui? | fi ayy yawm naḥnu?<br>**في أي يوم نحن؟** |
| Nous sommes ... | naḥnu fi ...<br>**نحن في ...** |
| lundi | al iθnayn<br>**الإثنين** |
| mardi | aθ θulāθā'<br>**الثلاثاء** |
| mercredi | al 'arbi'ā'<br>**الأربعاء** |
| jeudi | al χamīs<br>**الخميس** |
| vendredi | al ʒum'a<br>**الجمعة** |
| samedi | as sabt<br>**السبت** |
| dimanche | al aḥad<br>**الأحد** |

## Salutations - Introductions

| | |
|---|---|
| Bonjour. | as salāmu ʿalaykum<br>**السلام عليكم** |
| Enchanté /Enchantée/ | ana saʿīd ʒiddan bi liqāʾik<br>**أنا سعيد جدا بلقائك** |
| Moi aussi. | ana asʿad<br>**أنا أسعد** |
| Je voudrais vous présenter ... | awudd an uʿarrifak bi ...<br>**أود أن أعرفك بـ ...** |
| Ravi /Ravie/ de vous rencontrer. | fursa saʿīda<br>**فرصة سعيدة** |

| | |
|---|---|
| Comment allez-vous? | kayf ḥālak?<br>**كيف حالك؟** |
| Je m'appelle ... | ismi ...<br>**أسمي ...** |
| Il s'appelle ... | ismuhu ...<br>**إسمه ...** |
| Elle s'appelle ... | ismuha ...<br>**إسمها ...** |
| Comment vous appelez-vous? | ma smuka?<br>**ما اسمك؟** |
| Quel est son nom? | ma smuhu?<br>**ما اسمه؟** |
| Quel est son nom? | ma smuha?<br>**ما اسمها؟** |

| | |
|---|---|
| Quel est votre nom de famille? | ma huwa ism ʿāʾilatak?<br>**ما هو إسم عائلتك؟** |
| Vous pouvez m'appeler ... | yumkinak an tunādīni bi...<br>**يمكنك أن تناديني بـ...** |
| D'où êtes-vous? | min ayna anta?<br>**من أين أنت؟** |
| Je suis de ... | ana min ...<br>**أنا من ...** |
| Qu'est-ce que vous faites dans la vie? | māða taʿmal?<br>**ماذا تعمل؟** |
| Qui est-ce? | man haða<br>**من هذا؟** |
| Qui est-il? | man huwa?<br>**من هو؟** |
| Qui est-elle? | man hiya?<br>**من هي؟** |
| Qui sont-ils? | man hum?<br>**من هم؟** |

| | |
|---|---|
| C'est ... | haða huwa /haðihi hiya/ ...<br>/ ...هذا هو /هذه هي |
| mon ami | ṣadīqi<br>صديقي |
| mon amie | ṣadīqati<br>صديقتي |
| mon mari | zawʒi<br>زوجي |
| ma femme | zawʒati<br>زوجتي |
| mon père | abi<br>أبي |
| ma mère | ummi<br>أمي |
| mon frère | axi<br>أخي |
| mon fils | ibni<br>إبني |
| ma fille | ibnati<br>إبنتي |
| C'est notre fils. | haða huwa ibnuna<br>هذا هو ابننا |
| C'est notre fille. | haðihi hiya ibnatuna<br>هذه هي ابنتنا |
| Ce sont mes enfants. | haʾulāʾ awlādi<br>هؤلاء أولادي |
| Ce sont nos enfants. | haʾulāʾ awlāduna<br>هؤلاء أولادنا |

# Les adieux

| | |
|---|---|
| Au revoir! | as salāmu ʿalaykum<br>**السلام عليكم** |
| Salut! | maʿ as salāma<br>**مع السلامة** |
| À demain. | ilal liqāʾ ɣadan<br>**إلى اللقاء غدا** |
| À bientôt. | ilal liqāʾ<br>**إلى اللقاء** |
| On se revoit à sept heures. | ilal liqāʾ as sāʿa as sābiʿa<br>**إلى اللقاء الساعة السابعة** |
| Amusez-vous bien! | atamanna laka waqtan ṭayyiban!<br>**أتمنى لكم وقتا طيبا!** |
| On se voit plus tard. | ukallimuka lāḥiqan<br>**أكلمك لاحقا** |
| Bonne fin de semaine. | ʿuṭlat usbūʿ saʿīda<br>**عطلة أسبوع سعيدة** |
| Bonne nuit. | taṣbaḥ ʿala χayr<br>**تصبح على خير** |
| Il est l'heure que je parte. | innahu waqt ðahābi<br>**إنه وقت ذهابي** |
| Je dois m'en aller. | yaʒib ʿalayya an aðhab<br>**يجب علي أن أذهب** |
| Je reviens tout de suite. | saʾaʿūd ḥālan<br>**سأعود حالا** |
| Il est tard. | al waqt mutaʾaχχar<br>**الوقت متأخر** |
| Je dois me lever tôt. | yaʒib ʿalayya an anhaḍ bākiran<br>**يجب علي أن أنهض باكرا** |
| Je pars demain. | innani uɣādir ɣadan<br>**إنني أغادر غدا** |
| Nous partons demain. | innana nuɣādir ɣadan<br>**إننا نغادر غدا** |
| Bon voyage! | riḥla saʿīda!<br>**رحلة سعيدة!** |
| Enchanté de faire votre connaissance. | furṣa saʿīda<br>**فرصة سعيدة** |
| Heureux /Heureuse/ d'avoir parlé avec vous. | kān laṭīf at taḥadduθ maʿak<br>**كان لطيفا التحدث معك** |
| Merci pour tout. | ʃukran ʿala kull ʃayʾ<br>**شكرا على كل شيء** |

| | |
|---|---|
| Je me suis vraiment amusé /amusée/ | qaḍayt waqt ʒayyidan<br>قضيت وقتا جيدا |
| Nous nous sommes vraiment amusés /amusées/ | qaḍayna waqt ʒayyidan<br>قضينا وقتا جيدا |
| C'était vraiment plaisant. | kull ʃay' kān rā'i'<br>كل شيء كان رائعا |
| Vous allez me manquer. | sa'aʃtāq ilayk<br>سأشتاق إليك |
| Vous allez nous manquer. | sanaʃtāq ilayk<br>سنشتاق إليك |

| | |
|---|---|
| Bonne chance! | bit tawfīq! ma' as salāma!<br>!بالتوفيق! مع السلامة |
| Mes salutations à ... | taḥīyyāti li ...<br>تحياتي لـ... |

## Une langue étrangère

| | |
|---|---|
| Je ne comprends pas. | ana la afham<br>**أنا لا أفهم** |
| Écrivez-le, s'il vous plaît. | uktubha min faḍlak<br>**إكتبها من فضلك** |
| Parlez-vous ...? | hal tatakallam bi ...?<br>**هل تتكلم بـ...؟** |
| Je parle un peu ... | atakallam bi ... qalīlan<br>**أتكلم بـ ... قليلا** |
| anglais | al inʒlīziyya<br>**الإنجليزية** |
| turc | at turkiyya<br>**التركية** |
| arabe | al ʿarabiyya<br>**العربية** |
| français | al faransiyya<br>**الفرنسية** |
| allemand | al almāniyya<br>**الألمانية** |
| italien | al iṭāliyya<br>**الإيطالية** |
| espagnol | al isbāniyya<br>**الإسبانية** |
| portugais | al burtuɣāliyya<br>**البرتغالية** |
| chinois | aṣ ṣīniyya<br>**الصينية** |
| japonais | al yabāniyya<br>**اليابانية** |
| Pouvez-vous le répéter, s'il vous plaît. | hal yumkinuka tikrār min faḍlak?<br>**هل يمكنك تكرار من فضلك؟** |
| Je comprends. | ana afham<br>**انا أفهم** |
| Je ne comprends pas. | ana la afham<br>**أنا لا أفهم** |
| Parlez plus lentement, s'il vous plaît. | takallam bi buṭʾ akθar min faḍlak<br>**تكلم ببطء أكثر من فضلك** |
| Est-ce que c'est correct? | hal haða ṣaḥīḥ?<br>**هل هذا صحيح؟** |
| Qu'est-ce que c'est? | māða yaʿni?<br>**ماذا يعني؟** |

## Les excuses

| | |
|---|---|
| Excusez-moi, s'il vous plaît. | la tu'āχiðni min faḍlak<br>لا تؤاخذني من فضلك |
| Je suis désolé /désolée/ | ana 'āṣif<br>أنا آسف |
| Je suis vraiment /désolée/ | ana 'āsif ʒiddan<br>أنا آسف جدا |
| Désolé /Désolée/, c'est ma faute. | ana 'āsif innaha ɣalṭati<br>أنا آسف، إنها غلطتي |
| Au temps pour moi. | χaṭa'i<br>خطئي |
| Puis-je ... ? | hal yumkinuni ...?<br>هل يمكنني ...؟ |
| Ça vous dérange si je ...? | hal tumāni' law ...?<br>هل تمانع لو ...؟ |
| Ce n'est pas grave. | laysa hunāk ayy muʃkila<br>ليس هناك أي مشكلة |
| Ça va. | kull ʃay' 'ala ma yurām<br>كل شيء على ما يرام |
| Ne vous inquiétez pas. | la taqlaq<br>لا تقلق |

## Les accords

| | |
|---|---|
| Oui | naʿam<br>نعم |
| Oui, bien sûr. | aʒl<br>أجل |
| Bien. | ḥasanan<br>حسنا |
| Très bien. | ʒayyid ʒiddan<br>جيد جدا |
| Bien sûr! | bit taʾkīd!<br>بالتأكيد! |
| Je suis d'accord. | ana muwāfiq<br>أنا موافق |
| C'est correct. | haða ṣaḥīḥ<br>هذا صحيح |
| C'est exact. | haða ṣaḥīḥ<br>هذا صحيح |
| Vous avez raison. | kalāmak ṣaḥīḥ<br>كلامك صحيح |
| Je ne suis pas contre. | ana la umāniʿ<br>أنا لا أمانع |
| Tout à fait correct. | anta muḥiqq tamāman<br>أنت محق تماما |
| C'est possible. | innahu min al mumkin<br>إنه من الممكن |
| C'est une bonne idée. | innaha fikra ʒayyida<br>إنها فكرة جيدة |
| Je ne peux pas dire non. | la astaṭīʿ an aqūl la<br>لا أستطيع أن أقول لا |
| J'en serai ravi /ravie/ | saʾakūn saʿīdan<br>سأكون سعيدا |
| Avec plaisir. | bi kull surūr<br>بكل سرور |

## Refus, exprimer le doute

| | |
|---|---|
| Non | la<br>لا |
| Absolument pas. | ṭabʿan la<br>طبعا لا |
| Je ne suis pas d'accord. | lastu muwāfiq<br>لست موافقا |
| Je ne le crois pas. | la aẓunn ðalika<br>لا أظن ذلك |
| Ce n'est pas vrai. | laysa haða ṣaḥīḥ<br>ليس هذا صحيحا |
| Vous avez tort. | aχṭaʾta<br>أخطأت |
| Je pense que vous avez tort. | aẓunn annaka aχṭaʾt<br>أظن أنك أخطأت |
| Je ne suis pas sûr /sûre/ | lastu mutaʾakkid<br>لست متأكدا |
| C'est impossible. | haða mustaḥīl<br>هذا مستحيل |
| Pas du tout! | la ʃayʾ min haðan nawʿ<br>لا شيء من هذا النوع |
| Au contraire! | al ʿaks tamāman<br>العكس تماما |
| Je suis contre. | ana ḍidda ðalika<br>أنا ضد ذلك |
| Ça m'est égal. | la yuhimmuni ðalika<br>لا يهمني ذلك |
| Je n'ai aucune idée. | laysa ladayya ayy fikra<br>ليس لدي أي فكرة |
| Je doute que cela soit ainsi. | aʃukk fe ðalik<br>أشك في ذلك |
| Désolé /Désolée/, je ne peux pas. | ʾāsif la astaṭīʿ<br>آسف، لا أستطيع |
| Désolé /Désolée/, je ne veux pas. | ʾāsif la urīd ðalika<br>آسف، لا أريد ذلك |
| Merci, mais ça ne m'intéresse pas. | ʃukran, wa lakinnani la aḥtāʒ ila ðalika<br>شكرا، ولكنني لا أحتاج إلى ذلك |
| Il se fait tard. | al waqt mutaʾaχχar<br>الوقت متأخر |

| | |
|---|---|
| Je dois me lever tôt. | yaʒib 'alayya an anhaḍ bākiran<br>**يجب علي أن أنهض باكرا** |
| Je ne me sens pas bien. | la aʃur bi χayr<br>**لا أشعر بخير** |

## Exprimer la gratitude

| | |
|---|---|
| Merci. | ʃukran<br>**شكرا** |
| Merci beaucoup. | ʃukran ʒazīlan<br>**شكرا جزيلا** |
| Je l'apprécie beaucoup. | ana uqaddir ðalika ḥaqqan<br>**أنا أقدر ذلك حقا** |
| Je vous suis très reconnaissant. | ana mumtann lak ʒiddan<br>**أنا ممتن لك جدا** |
| Nous vous sommes très reconnaissant. | naḥnu mumtannīn lak ʒiddan<br>**نحن ممتنون لك جدا** |
| Merci pour votre temps. | ʃukran ʿala waqtak<br>**شكرا على وقتك** |
| Merci pour tout. | ʃukran ʿala kull ʃayʾ<br>**شكرا على كل شيء** |
| Merci pour ... | ʃukran ʿala ...<br>**شكرا على ...** |
| votre aide | musāʿadatak<br>**مساعدتك** |
| les bons moments passés | al waqt al laṭīf<br>**الوقت اللطيف** |
| un repas merveilleux | waʒba rāʾiʿa<br>**وجبة رائعة** |
| cette agréable soirée | amsiyya mumtiʿa<br>**أمسية ممتعة** |
| cette merveilleuse journée | yawm rāʾiʿ<br>**يوم رائع** |
| une excursion extraordinaire | riḥla mudhiʃa<br>**رحلة مدهشة** |
| Il n'y a pas de quoi. | la ʃukr ʿala wāʒib<br>**لا شكر على واجب** |
| Vous êtes les bienvenus. | al ʿafw<br>**العفو** |
| Mon plaisir. | fi ayy waqt<br>**في أي وقت** |
| J'ai été heureux /heureuse/ de vous aider. | bi kull surūr<br>**بكل سرور** |
| Ça va. N'y pensez plus. | insa al amr<br>**إنس الأمر** |
| Ne vous inquiétez pas. | la taqlaq<br>**لا تقلق** |

## Félicitations. Vœux de fête

| | |
|---|---|
| Félicitations! | uhanni'uka!<br>أهنئك! |
| Joyeux anniversaire! | ʿīd milād saʿīd!<br>عيد ميلاد سعيد! |
| Joyeux Noël! | ʿīd milād saʿīd!<br>عيد ميلاد سعيد! |
| Bonne Année! | sana ʒadīda saʿīda!<br>سنة جديدة سعيدة! |
| Joyeuses Pâques! | ʿīd fiṣḥ saʿīd!<br>عيد فصح سعيد! |
| Joyeux Hanoukka! | hanūka saʿīda!<br>هانوكا سعيدة! |
| Je voudrais proposer un toast. | awudd an aqtariḥ naχb<br>أود أن أقترح نخبا |
| Santé! | fi siḥḥatak<br>في صحتك |
| Buvons à ...! | daʿawna naʃrab fi ...!<br>دعونا نشرب في ...! |
| À notre succès! | naʒāḥna<br>نجاحنا |
| À votre succès! | naʒāḥak<br>نجاحك |
| Bonne chance! | bit tawfīq!<br>بالتوفيق! |
| Bonne journée! | atamanna laka nahāran saʿīdan!<br>أتمنى لك نهارا سعيدا! |
| Passez de bonnes vacances ! | atamanna laka ʿuṭla ṭayyiba!<br>أتمنى لك عطلة طيبة! |
| Bon voyage! | atamanna laka riḥla āmina!<br>أتمنى لك رحلة آمنة! |
| Rétablissez-vous vite. | atamanna bi annaka satataḥassan qarīban<br>أتمنى بأنك ستتحسن قريبا |

## Socialiser

| | |
|---|---|
| Pourquoi êtes-vous si triste? | limāða anta ḥazīn?<br>لماذا أنت حزين؟ |
| Souriez! | ibtasim!<br>إبتسم! |
| Êtes-vous libre ce soir? | hal anta ḥurr haðihil layla?<br>هل أنت حر هذه الليلة؟ |
| Puis-je vous offrir un verre? | hal tawudd an taʃrab ʃay'?<br>هل تود أن تشرب شيئا؟ |
| Voulez-vous danser? | hal tawudd an tarquṣ?<br>هل تود أن ترقص؟ |
| Et si on va au cinéma? | da'awna naðhab ilas sinima<br>دعونا نذهب إلى السينما |
| Puis-je vous inviter ... | hal yumkinuni an ad'ūk ila ...?<br>هل يمكنني أن أدعوك إلى ...؟ |
| au restaurant | maṭ'am<br>مطعم |
| au cinéma | as sinima<br>السينما |
| au théâtre | al masraḥ<br>المسرح |
| pour une promenade | tamʃiya<br>تمشية |
| À quelle heure? | fi ayy sā'a?<br>في أي ساعة؟ |
| ce soir | haðal masā'<br>هذا المساء |
| à six heures | as sā'a as sādisa<br>الساعة السادسة |
| à sept heures | as sā'a as sābi'a<br>الساعة السابعة |
| à huit heures | as sā'a aθ θāmina<br>الساعة الثامنة |
| à neuf heures | as sā'a at tāsi'a<br>الساعة التاسعة |
| Est-ce que vous aimez cet endroit? | hal yu'ʒibak al makān?<br>هل يعجبك المكان؟ |
| Êtes-vous ici avec quelqu'un? | hal anta huna ma' aḥad?<br>هل أنت هنا مع أحد؟ |
| Je suis avec mon ami. | ana ma' ṣadīq<br>أنا مع صديق |

| | |
|---|---|
| Je suis avec mes amis. | ana maʿ aṣdiqāʾ<br>**أنا مع أصدقاء** |
| Non, je suis seul /seule/ | la, ana li waḥdi<br>**لا، أنا لوحدي** |
| As-tu un copain? | hal ʿindak ṣadīq?<br>**هل عندك صديق؟** |
| J'ai un copain. | ana ʿindi ṣadīq<br>**أنا عندي صديق** |
| As-tu une copine? | hal ʿindak ṣadīqa?<br>**هل عندك صديقة؟** |
| J'ai une copine. | ana ʿindi ṣadīqa<br>**أنا عندي صديقة** |
| Est-ce que je peux te revoir? | hal yumkinuni ruʾyatak marra uχra?<br>**هل يمكنني رؤيتك مرة أخرى؟** |
| Est-ce que je peux t'appeler? | hal astaṭīʿ an attaṣil bik?<br>**هل أستطيع أن أتصل بك؟** |
| Appelle-moi. | ittaṣil bi<br>**إتصل بي** |
| Quel est ton numéro? | ma raqmak?<br>**ما رقمك؟** |
| Tu me manques. | aʃtāq ilayk<br>**أشتاق إليك** |
| Vous avez un très beau nom. | ismak ʒamīl<br>**إسمك جميل** |
| Je t'aime. | uḥibbak<br>**أحبك** |
| Veux-tu te marier avec moi? | hal tatazawwaʒīnani?<br>**هل تتزوجينني؟** |
| Vous plaisantez! | anta tamzaḥ!<br>**أنت تمزح!** |
| Je plaisante. | ana amzaḥ faqaṭ<br>**أنا أمزح فقط** |
| Êtes-vous sérieux /sérieuse/? | hal anta gadd?<br>**هل أنت جاد؟** |
| Je suis sérieux /sérieuse/ | ana gādd<br>**أنا جاد** |
| Vraiment?! | ṣaḥīḥ?<br>**صحيح؟** |
| C'est incroyable! | haða γayr maʿqūl!<br>**هذا غير معقول!** |
| Je ne vous crois pas. | la uṣaddiqak<br>**لا أصدقك** |
| Je ne peux pas. | ana la astaṭīʿ<br>**أنا لا أستطيع** |
| Je ne sais pas. | la aʿrif<br>**أنا لا أعرف** |
| Je ne vous comprends pas | la afhamak<br>**أنا لا أفهمك** |

| | |
|---|---|
| Laissez-moi! Allez-vous-en! | min faḍlak iðhab min huna<br>**من فضلك إذهب من هنا** |
| Laissez-moi tranquille! | utrukni li waḥdi!<br>**أتركني لوحدي!** |
| Je ne le supporte pas. | ana la uṭīquhu<br>**أنا لا أطيقه** |
| Vous êtes dégoûtant! | anta muqrif<br>**أنت مقرف** |
| Je vais appeler la police! | hattlob el ʃorta<br>**سأتصل بالشرطة** |

## Partager des impressions. Émotions

| | |
|---|---|
| J'aime ça. | yu'ʒibuni ðalika<br>**يعجبني ذلك** |
| C'est gentil. | ʒamīl ʒiddan<br>**جميل جدا** |
| C'est super! | haða rā'i'<br>**هذا رائع** |
| C'est assez bien. | la ba's bihi<br>**لا بأس به** |
| Je n'aime pas ça. | la yu'ʒibuni ðalika<br>**لا يعجبني ذلك** |
| Ce n'est pas bien. | laysa ʒayyid<br>**ليس جيدا** |
| C'est mauvais. | haða sayyi'<br>**هذا سيء** |
| Ce n'est pas bien du tout. | haða sayyi' ʒiddan<br>**هذا سيء جدا** |
| C'est dégoûtant. | haða muqrif<br>**هذا مقرف** |
| Je suis content /contente/ | ana sa'īd /sa'īda/<br>**أنا سعيد /سعيدة/** |
| Je suis heureux /heureuse/ | ana mabsūṭ /mabsūṭa/<br>**أنا مبسوط /مبسوطة/** |
| Je suis amoureux /amoureuse/ | ana uḥibb<br>**أنا أحب** |
| Je suis calme. | ana hādi' /hādi'a/<br>**أنا هادئ /هادئة/** |
| Je m'ennuie. | aʃ'ur bil malal<br>**أشعر بالملل** |
| Je suis fatigué /fatiguée/ | ana ta'bān /ta'bāna/<br>**أنا تعبان /تعبانة/** |
| Je suis triste. | ana ḥazīn /ḥazīna/<br>**أنا حزين /حزينة/** |
| J'ai peur. | ana χā'if /χā'ifa/<br>**أنا خائف /خائفة/** |
| Je suis fâché /fâchée/ | ana ɣāḍib /ɣāḍiba/<br>**أنا غاضب /غاضبة/** |
| Je suis inquiet /inquiète/ | ana qaliq /qaliqa/<br>**أنا قلق /قلقة/** |
| Je suis nerveux /nerveuse/ | ana mutawattir /mutawattira/<br>**أنا متوتر /متوترة/** |

| | |
|---|---|
| Je suis jaloux /jalouse/ | ana ɣayūr /ɣayūra/<br>**أنا غيور /غيورة/** |
| Je suis surpris /surprise/ | ana mutafāʒi' /mutafāʒi'a/<br>**أنا متفاجئ /متفاجئة/** |
| Je suis gêné /gênée/ | ana ḥā'ir /ḥā'ira/<br>**أنا حائر /حائرة/** |

## Problèmes. Accidents

| | |
|---|---|
| J'ai un problème. | ʿindi muʃkila<br>**عندي مشكلة** |
| Nous avons un problème. | ʿindana muʃkila<br>**عندنا مشكلة** |
| Je suis perdu /perdue/ | aḍaʿt ṭarīqi<br>**أضعت طريقي** |
| J'ai manqué le dernier bus (train). | fātatni ʾāχir ḥāfila<br>**فاتتني آخر حافلة** |
| Je n'ai plus d'argent. | laysa ladayya ayy māl<br>**ليس لدي أي مال** |
| J'ai perdu mon ... | faqadt ...<br>**فقدت ...** |
| On m'a volé mon ... | saraqu minni ...<br>**سرقوا مني ...** |
| passeport | ʒawāz as safar<br>**جواز السفر** |
| portefeuille | al maḥfaẓa<br>**المحفظة** |
| papiers | al awrāq<br>**الأوراق** |
| billet | at taðkira<br>**التذكرة** |
| argent | an nuqūd<br>**النقود** |
| sac à main | aʃ ʃanṭa<br>**الشنطة** |
| appareil photo | al kamira<br>**الكاميرا** |
| portable | al kumbyūtir al maḥmūl<br>**الكمبيوتر المحمول** |
| ma tablette | al kumbyūtir al lawḥiy<br>**الكمبيوتر اللوحى** |
| mobile | at tilifūn al maḥmūl<br>**التليفون المحمول** |
| Au secours! | sāʿidni!<br>**ساعدني!** |
| Qu'est-il arrivé? | māða ḥadaθ?<br>**ماذا حدث؟** |
| un incendie | ḥarīqa<br>**حريقة** |

| | |
|---|---|
| des coups de feu | iṭlāq an nār<br>**إطلاق النار** |
| un meurtre | qatl<br>**قتل** |
| une explosion | infiʒār<br>**إنفجار** |
| une bagarre | χināqa<br>**خناقة** |

| | |
|---|---|
| Appelez la police! | ittaṣil biʃ ʃurṭa!<br>**إتصل بالشرطة!** |
| Dépêchez-vous, s'il vous plaît! | bi surʿa min faḍlak!<br>**بسرعة من فضلك!** |
| Je cherche le commissariat de police. | abḥaθ ʿan qism aʃ ʃurṭa<br>**أبحث عن قسم الشرطة** |
| Il me faut faire un appel. | urīd iʒrāʾ mukālama hātifiyya<br>**أريد إجراء مكالمة هاتفية** |
| Puis-je utiliser votre téléphone? | hal yumkinuni an astaχdim tilifūnak?<br>**هل يمكنني أن أستخدم تليفونك؟** |

| | |
|---|---|
| J'ai été ... | laqat taʿarraḍt li ...<br>**لقد تعرضت لـ...** |
| agressé /agressée/ | sirqa<br>**سرقة** |
| volé /volée/ | sirqa<br>**سرقة** |
| violée | iɣtiṣāb<br>**إغتصاب** |
| attaqué /attaquée/ | iʿtidāʾ<br>**إعتداء** |

| | |
|---|---|
| Est-ce que ça va? | hal anta bi χayr?<br>**هل أنت بخير؟** |
| Avez-vous vu qui c'était? | hal raʾayt man kān ðalik?<br>**هل رأيت من كان ذلك؟** |
| Pourriez-vous reconnaître cette personne? | hal tastaṭīʿ at taʿarruf ʿalayhi?<br>**هل ستستطيع التعرف عليه؟** |
| Vous êtes sûr? | hal anta mutaʾkked?<br>**هل أنت متأكد؟** |

| | |
|---|---|
| Calmez-vous, s'il vous plaît. | ihdaʾ min faḍlak<br>**إهدأ من فضلك** |
| Calmez-vous! | hawwin ʿalayk!<br>**هون عليك!** |
| Ne vous inquiétez pas. | la taqlaq!<br>**لا تقلق!** |
| Tout ira bien. | kull ʃayʾ sayakūn ʿala ma yurām<br>**كل شيء سيكون على ما يرام** |
| Ça va. Tout va bien. | kull ʃayʾ ʿala ma yurām<br>**كل شيء على ما يرام** |
| Venez ici, s'il vous plaît. | taʿāla huna law samaḥt<br>**تعال هنا لو سمحت** |

| | |
|---|---|
| J'ai des questions à vous poser. | ʿindi lak as'ila<br>**عندي لك أسئلة** |
| Attendez un moment, s'il vous plaît. | intazir lahza min fadlak<br>**إنتظر لحظة من فضلك** |
| Avez-vous une carte d'identité? | hal ʿindak biṭāqa ʃaχsiyya?<br>**هل عندك بطاقة شخصية؟** |
| Merci. Vous pouvez partir maintenant. | ʃukran. yumkinuka al muɣādara al ʾān<br>**شكرا. يمكنك المغادرة الآن** |
| Les mains derrière la tête! | daʿ yadayk χalfa ra'sak!<br>**ضع يديك خلف رأسك!** |
| Vous êtes arrêté! | anta mawqūf!<br>**أنت موقوف!** |

## Problèmes de santé

| | |
|---|---|
| Aidez-moi, s'il vous plaît. | sāʿidni min faḍlak<br>ساعدني من فضلك |
| Je ne me sens pas bien. | la aʃʿur bi χayr<br>لا أشعر بخير |
| Mon mari ne se sent pas bien. | zawʒi la yaʃʿur bi χayr<br>زوجي لا يشعر بخير |
| Mon fils ... | ibni ...<br>إبني ... |
| Mon père ... | abi ...<br>أبي ... |
| Ma femme ne se sent pas bien. | zawʒati la taʃʿur bi χayr<br>زوجتي لا تشعر بخير |
| Ma fille ... | ibnati ...<br>إبنتي ... |
| Ma mère ... | ummi ...<br>أمي ... |
| J'ai mal ... | ana ʿindi ...<br>أنا عندي ... |
| à la tête | ṣudāʿ<br>صداع |
| à la gorge | iltihāb fil ḥalq<br>إلتهاب في الحلق |
| à l'estomac | maɣaṣ<br>مغص |
| aux dents | alam asnān<br>ألم أسنان |
| J'ai le vertige. | aʃʿur bid dawār<br>أشعر بالدوار |
| Il a de la fièvre. | ʿindahu ḥumma<br>عنده حمى |
| Elle a de la fièvre. | ʿindaha ḥumma<br>عندها حمى |
| Je ne peux pas respirer. | la astatīʿ at tanaffus<br>لا أستطيع التنفس |
| J'ai du mal à respirer. | aʃʿur bi ḍīq at tanaffus<br>أشعر بضيق التنفس |
| Je suis asthmatique. | uʿāni min ar rabw<br>أعاني من الربو |
| Je suis diabétique. | ana ʿindi maraḍ as sukkar<br>أنا عندي مرض السكر |

| | |
|---|---|
| Je ne peux pas dormir. | la astaṭīʿ an anām<br>**لا أستطيع أن أنام** |
| intoxication alimentaire | tasammum ɣiðā'iy<br>**تسمم غذائي** |
| Ça fait mal ici. | aʃʿur bi alam huna<br>**أشعر بألم هنا** |
| Aidez-moi! | sāʿidni!<br>**ساعدني!** |
| Je suis ici! | ana huna!<br>**أنا هنا!** |
| Nous sommes ici! | naḥnu huna!<br>**نحن هنا!** |
| Sortez-moi d'ici! | aχraʒūni min huna<br>**أخرجوني من هنا!** |
| J'ai besoin d'un docteur. | ana aḥtāʒ ila ṭabīb<br>**أنا أحتاج إلى طبيب** |
| Je ne peux pas bouger! | la astaṭīʿ an ataḥarrak<br>**لا أستطيع أن أتحرك** |
| Je ne peux pas bouger mes jambes. | la astaṭīʿ an uḥarrik riʒlayya<br>**لا أستطيع أن أحرك رجلي** |
| Je suis blessé /blessée/ | ʿindi ʒurḥ<br>**عندي جرح** |
| Est-ce que c'est sérieux? | hal al amr χaṭīr?<br>**هل الأمر خطير؟** |
| Mes papiers sont dans ma poche. | awrāqi fi ʒaybi<br>**أوراقي في جيبي** |
| Calmez-vous! | ihda'!<br>**إهدأ!** |
| Puis-je utiliser votre téléphone? | hal yumkinuni an astaχdim tilifūnak?<br>**هل يمكنني أن أستخدم تليفونك؟** |
| Appelez une ambulance! | ittaṣil bil isʿāf!<br>**إتصل بالإسعاف!** |
| C'est urgent! | al amr ʿāʒil!<br>**الأمر عاجل!** |
| C'est une urgence! | innaha ḥāla ṭāri'a!<br>**إنها حالة طارئة!** |
| Dépêchez-vous, s'il vous plaît! | bi surʿa min faḍlak!<br>**بسرعة من فضلك!** |
| Appelez le docteur, s'il vous plaît. | ittaṣil biṭ ṭabib min faḍlak?<br>**إتصل بالطبيب من فضلك** |
| Où est l'hôpital? | ayna al mustaʃfa?<br>**أين المستشفى؟** |
| Comment vous sentez-vous? | kayf taʃʿur al 'ān<br>**كيف تشعر الآن؟** |
| Est-ce que ça va? | hal anta bi χayr?<br>**هل أنت بخير؟** |
| Qu'est-il arrivé? | māða ḥadaθ?<br>**ماذا حدث؟** |

| | |
|---|---|
| Je me sens mieux maintenant. | aʃʿur bi taḥassun al ʾān<br>**أشعر بتحسن الآن** |
| Ça va. Tout va bien. | la baʾs<br>**لا بأس** |
| Ça va. | kull ʃayʾ ʿala ma yurām<br>**كل شيء على ما يرام** |

## À la pharmacie

| | |
|---|---|
| pharmacie | ṣaydaliyya<br>**صيدلية** |
| pharmacie 24 heures | ṣaydaliyya arba' wa 'iʃrīn sā'a<br>**صيدلية 24 ساعة** |
| Où se trouve la pharmacie la plus proche? | ayna aqrab ṣaydaliyya?<br>**أين أقرب صيدلية؟** |
| Est-elle ouverte en ce moment? | hal hiya maftūḥa al 'ān?<br>**هل هي مفتوحة الآن؟** |
| À quelle heure ouvre-t-elle? | mata taftaḥ?<br>**متى تفتح؟** |
| à quelle heure ferme-t-elle? | mata tuɣliq?<br>**متى تغلق؟** |
| C'est loin? | hal hiya ba'īda?<br>**هل هي بعيدة؟** |
| Est-ce que je peux y aller à pied? | hal yumkinuni an aṣil ila hunāk māʃiyan?<br>**هل يمكنني أن أصل إلى هناك ماشيا؟** |
| Pouvez-vous me le montrer sur la carte? | arīni 'alal χarīṭa min faḍlak<br>**أريني على الخريطة من فضلك** |
| Pouvez-vous me donner quelque chose contre ... | min faḍlak a'ṭini ʃay' li ...<br>**من فضلك أعطني شيئا لـ...** |
| le mal de tête | aṣ ṣudā'<br>**الصداع** |
| la toux | as su'āl<br>**السعال** |
| le rhume | al bard<br>**البرد** |
| la grippe | al influenza<br>**الأنفلونزا** |
| la fièvre | al ḥumma<br>**الحمى** |
| un mal d'estomac | el maɣaṣ<br>**المغص** |
| la nausée | a ɣaθayān<br>**الغثيان** |
| la diarrhée | al ishāl<br>**الإسهال** |
| la constipation | al imsāk<br>**الإمساك** |
| un mal de dos | alam fiz ẓahr<br>**ألم في الظهر** |

| | |
|---|---|
| les douleurs de poitrine | alam fiṣ ṣadr<br>ألم في الصدر |
| les points de côté | ɣurza ʒānibiyya<br>غرزة جانبية |
| les douleurs abdominales | alam fil baṭn<br>ألم في البطن |

| | |
|---|---|
| une pilule | ḥabba<br>حبة |
| un onguent, une crème | marham, krīm<br>مرهم، كريم |
| un sirop | ʃarāb<br>شراب |
| un spray | baχχāχ<br>بخاخ |
| les gouttes | qaṭarāt<br>قطرات |

| | |
|---|---|
| Vous devez allez à l'hôpital. | ʿalayk an taðhab ilal mustaʃfa<br>عليك أن تذهب إلى المستشفى |
| assurance maladie | taʾmīn ṣiḥḥiy<br>تأمين صحي |
| prescription | waṣfa ṭibbiyya<br>وصفة طبية |
| produit anti-insecte | ṭārid lil ḥaʃarāt<br>طارد للحشرات |
| bandages adhésifs | laṣqa lil ʒurūḥ<br>لصقة للجروح |

## Les essentiels

| | |
|---|---|
| Excusez-moi, ... | law samaḥt, ...<br>لو سمحت، ... |
| Bonjour | as salāmu ʿalaykum<br>السلام عليكم |
| Merci | ʃukran<br>شكرا |
| Au revoir | maʿ as salāma<br>مع السلامة |
| Oui | naʿam<br>نعم |
| Non | la<br>لا |
| Je ne sais pas. | la aʿrif<br>لا أعرف |
| Où? \| Où? \| Quand? | ayna? \| ila ayna? \| mata?<br>أين؟ \| إلى أين؟ \| متى؟ |
| J'ai besoin de ... | ana aḥtāʒ ila ...<br>أنا أحتاج إلى... |
| Je veux ... | ana urīd ...<br>أنا أريد ... |
| Avez-vous ... ? | hal ʿindak ...?<br>هل عندك... ؟ |
| Est-ce qu'il y a ... ici? | hal yūʒad huna ...?<br>هل يوجد هنا ...؟ |
| Puis-je ... ? | hal yumkinuni ...?<br>هل يمكنني...؟ |
| s'il vous plaît (pour une demande) | ... min faḍlak<br>من فضلك ... |
| Je cherche ... | abḥaθ ʿan ...<br>أبحث عن ... |
| les toilettes | ḥammām<br>حمام |
| un distributeur | mākīnat ṣarrāf ʾāliy<br>ماكينة صراف آلي |
| une pharmacie | ṣaydaliyya<br>صيدلية |
| l'hôpital | mustaʃfa<br>مستشفى |
| le commissariat de police | qism aʃ ʃurṭa<br>قسم شرطة |
| une station de métro | mitru al anfāq<br>مترو الأنفاق |

| | |
|---|---|
| un taxi | taksi<br>تاكسي |
| la gare | mahattat al qiṭār<br>محطة القطار |

| | |
|---|---|
| Je m'appelle ... | ismi ...<br>إسمي... |
| Comment vous appelez-vous? | ma smuka?<br>ما اسمك؟ |
| Aidez-moi, s'il vous plaît. | sā'idni min faḍlak<br>ساعدني من فضلك |
| J'ai un problème. | 'indi muʃkila<br>عندي مشكلة |
| Je ne me sens pas bien. | la aʃur bi χayr<br>لا أشعر بخير |
| Appelez une ambulance! | ittaṣil bil is'āf!<br>إتصل بالإسعاف! |
| Puis-je faire un appel? | hal yumkinuni iʒrā' mukālama tilifūniyya?<br>هل يمكنني إجراء مكالمة هاتفية؟ |

| | |
|---|---|
| Excusez-moi. | ana 'āṣif<br>أنا آسف |
| Je vous en prie. | al 'afw<br>العفو |

| | |
|---|---|
| je, moi | ana<br>أنا |
| tu, toi | anta<br>أنت |
| il | huwa<br>هو |
| elle | hiya<br>هي |
| ils | hum<br>هم |
| elles | hum<br>هم |
| nous | naḥnu<br>نحن |
| vous | antum<br>أنتم |
| Vous | ḥaḍritak<br>حضرتك |

| | |
|---|---|
| ENTRÉE | duχūl<br>دخول |
| SORTIE | χurūʒ<br>خروج |
| HORS SERVICE \| EN PANNE | mu'aṭṭal<br>معطل |
| FERMÉ | muɣlaq<br>مغلق |

| | |
|---|---|
| OUVERT | maftūḥ<br>**مفتوح** |
| POUR LES FEMMES | lis sayyidāt<br>**للسيدات** |
| POUR LES HOMMES | lir riʒāl<br>**للرجال** |

# VOCABULAIRE THÉMATIQUE

Cette section contient plus de 3000 des mots les plus importants. Le dictionnaire sera d'une aide indispensable lors de voyages à l'étranger puisque les mots individuels sont souvent assez pour être compris. Le dictionnaire comprend une transcription utile de chaque mot

T&P Books Publishing

# CONTENU DU DICTIONNAIRE



T&P Books Publishing

# CONCEPTS DE BASE

T&P Books Publishing

## 1. Les pronoms

| | | |
|---|---|---|
| je | ana | أنا |
| tu (masc.) | enta | أنت |
| tu (fem.) | enty | أنت |
| il | howwa | هوَّ |
| elle | hiya | هيِّ |
| nous | eḥna | إحنا |
| vous | antom | أنتم |
| ils, elles | hamm | هم |

## 2. Adresser des vœux. Se dire bonjour

| | | |
|---|---|---|
| Bonjour! (form.) | assalamu ʿalaykum! | السلام عليكم! |
| Bonjour! (le matin) | ṣabāḥ el χeyr! | صباح الخير! |
| Bonjour! (après-midi) | neharak saʿīd! | نهارك سعيد! |
| Bonsoir! | masāʾ el χeyr! | مساء الخير! |
| dire bonjour | sallem | سلّم |
| Salut! | ahlan! | أهلاً! |
| salut (m) | salām (m) | سلام |
| saluer (vt) | sallem ʿala | سلّم على |
| Comment ça va? | ezzayek? | ازّيك؟ |
| Quoi de neuf? | aχbārak eyh? | أخبارك ايه؟ |
| Au revoir! | maʿ el salāma! | مع السلامة! |
| À bientôt! | aʃūfak orayeb! | أشوفك قريب! |
| Adieu! | maʿ el salāma! | مع السلامة! |
| dire au revoir | waddaʿ | ودع |
| Salut! (À bientôt!) | bay bay! | باي باي! |
| Merci! | ʃokran! | شكراً! |
| Merci beaucoup! | ʃokran geddan! | شكراً جداً! |
| Je vous en prie | el ʿafw | العفو |
| Il n'y a pas de quoi | la ʃokr ʿala wāgeb | لا شكر على واجب |
| Pas de quoi | el ʿafw | العفو |
| Excuse-moi! | ʿan eznak! | عن إذنك! |
| Excusez-moi! | baʿd ezn ḥadretak! | بعد إذن حضرتك! |
| excuser (vt) | ʿazar | عذر |
| s'excuser (vp) | eʿtazar | أعتذر |
| Mes excuses | ana ʾāsef | أنا آسف |

| | | |
|---|---|---|
| Pardonnez-moi! | ana 'āsef! | أنا آسف! |
| pardonner (vt) | 'afa | عفا |
| s'il vous plaît | men faḍlak | من فضلك |
| N'oubliez pas! | ma tensāʃ! | ما تنساش! |
| Bien sûr! | ṭab'an! | طبعاً! |
| Bien sûr que non! | la' ṭab'an! | لأ طبعاً! |
| D'accord! | ettafa'na! | إتّفقنا! |
| Ça suffit! | kefāya! | كفاية! |

## 3. Les questions

| | | |
|---|---|---|
| Qui? | mīn? | مين؟ |
| Quoi? | eyh? | ايه؟ |
| Où? (~ es-tu?) | feyn? | فين؟ |
| Où? (~ vas-tu?) | feyn? | فين؟ |
| D'où? | meneyn? | منين؟ |
| Quand? | emta | امتى؟ |
| Pourquoi? (~ es-tu venu?) | 'aʃān eyh? | عشان ايه؟ |
| Pourquoi? (~ t'es pâle?) | leyh? | ليه؟ |
| À quoi bon? | l eyh? | لـ ليه؟ |
| Comment? | ezāy? | إزاي؟ |
| Quel? (à ~ prix?) | eyh? | ايه؟ |
| Lequel? | ayī? | أيّ؟ |
| À qui? (pour qui?) | le mīn? | لمين؟ |
| De qui? | 'an mīn? | عن مين؟ |
| De quoi? | 'an eyh? | عن ايه؟ |
| Avec qui? | ma' mīn? | مع مين؟ |
| Combien? | kām? | كام؟ |
| À qui? (~ est ce livre?) | betā'et mīn? | بتاعت مين؟ |

## 4. Les prépositions

| | | |
|---|---|---|
| avec (~ toi) | ma' | مع |
| sans (~ sucre) | men ɣeyr | من غير |
| à (aller ~ ...) | ela | إلى |
| de (au sujet de) | 'an | عن |
| avant (~ midi) | 'abl | قبل |
| devant (~ la maison) | 'oddām | قدّام |
| sous (~ la commode) | taḥt | تحت |
| au-dessus de ... | fo'e | فوق |
| sur (dessus) | 'ala | على |
| de (venir ~ Paris) | men | من |
| en (en bois, etc.) | men | من |

| | | |
|---|---|---|
| dans (~ deux heures) | ba'd | بعد |
| par dessus | men 'ala | من على |

## 5. Les mots-outils. Les adverbes. Partie 1

| | | |
|---|---|---|
| Où? (~ es-tu?) | feyn? | فين؟ |
| ici (c'est ~) | hena | هنا |
| là-bas (c'est ~) | henāk | هناك |
| quelque part (être) | fe makānen ma | في مكان ما |
| nulle part (adv) | meʃ fi ayī makān | مش في أيّ مكان |
| près de ... | ganb | جنب |
| près de la fenêtre | ganb el ʃebbāk | جنب الشبّاك |
| Où? (~ vas-tu?) | feyn? | فين؟ |
| ici (Venez ~) | hena | هنا |
| là-bas (j'irai ~) | henāk | هناك |
| d'ici (adv) | men hena | من هنا |
| de là-bas (adv) | men henāk | من هناك |
| près (pas loin) | 'arīb | قريب |
| loin (adv) | be'īd | بعيد |
| près de (~ Paris) | 'and | عند |
| tout près (adv) | 'arīb | قريب |
| pas loin (adv) | meʃ be'īd | مش بعيد |
| gauche (adj) | el ʃemāl | الشمال |
| à gauche (être ~) | 'alal ʃemāl | على الشمال |
| à gauche (tournez ~) | lel ʃemāl | للشمال |
| droit (adj) | el yemīn | اليمين |
| à droite (être ~) | 'alal yemīn | على اليمين |
| à droite (tournez ~) | lel yemīn | لليمين |
| devant (adv) | 'oddām | قدّام |
| de devant (adj) | amāmy | أمامي |
| en avant (adv) | ela el amām | إلى الأمام |
| derrière (adv) | wara' | وراء |
| par derrière (adv) | men wara | من ورا |
| en arrière (regarder ~) | le wara | لورا |
| milieu (m) | wasaṭ (m) | وسط |
| au milieu (adv) | fel wasat | في الوسط |
| de côté (vue ~) | 'ala ganb | على جنب |
| partout (adv) | fe kol makān | في كل مكان |
| autour (adv) | ḥawaleyn | حوالين |

| | | |
|---|---|---|
| de l'intérieur | men gowwah | من جوّه |
| quelque part (aller) | le ʾayī makān | لأي مكان |
| tout droit (adv) | ʿala ṭūl | على طول |
| en arrière (revenir ~) | rogūʿ | رجوع |
| de quelque part (n'import d'où) | men ayī makān | من أيّ مكان |
| de quelque part (on ne sait pas d'où) | men makānen mā | من مكان ما |
| premièrement (adv) | awwalan | أوّلاً |
| deuxièmement (adv) | sāneyan | ثانياً |
| troisièmement (adv) | sālesan | ثالثاً |
| soudain (adv) | fagʾa | فجأة |
| au début (adv) | fel bedāya | في البداية |
| pour la première fois | le ʾawwel marra | لأوّل مرّة |
| bien avant ... | ʾabl ... be modda ṭawīla | بمدة طويلة ...قبل |
| de nouveau (adv) | men gedīd | من جديد |
| pour toujours (adv) | lel abad | للأبد |
| jamais (adv) | abadan | أبداً |
| de nouveau, encore (adv) | tāny | تاني |
| maintenant (adv) | delwaʾty | دلوقتي |
| souvent (adv) | ketīr | كتير |
| alors (adv) | waʾtaha | وقتها |
| d'urgence (adv) | ʿala ṭūl | على طول |
| d'habitude (adv) | ʿādatan | عادةً |
| à propos, ... | ʿala fekra ... | ...على فكرة |
| c'est possible | momken | ممكن |
| probablement (adv) | momken | ممكن |
| peut-être (adv) | momken | ممكن |
| en plus, ... | bel eḍāfa ela ... | ...بالإضافة إلى |
| c'est pourquoi ... | ʿaʃān keda | عشان كده |
| malgré ... | bel raɣm men ... | ...بالرغم من |
| grâce à ... | be faḍl ... | ...بفضل |
| quoi (pron) | elly | إللي |
| que (conj) | ennu | إنّه |
| quelque chose (Il m'est arrivé ~) | ḥāga (f) | حاجة |
| quelque chose (peut-on faire ~) | ayī ḥāga (f) | أيّ حاجة |
| rien (m) | wala ḥāga | ولا حاجة |
| qui (pron) | elly | إللي |
| quelqu'un (on ne sait pas qui) | ḥadd | حدّ |
| quelqu'un (n'importe qui) | ḥadd | حدّ |
| personne (pron) | wala ḥadd | ولا حدّ |
| nulle part (aller ~) | meʃ le wala makān | مش لـ ولا مكان |

| | | |
|---|---|---|
| de personne | wala ḥadd | ولا حدّ |
| de n'importe qui | le ḥadd | لحدّ |
| | | |
| comme ça (adv) | geddan | جداً |
| également (adv) | kamān | كمان |
| aussi (adv) | kamān | كمان |

## 6. Les mots-outils. Les adverbes. Partie 2

| | | |
|---|---|---|
| Pourquoi? | leyh? | ليه؟ |
| pour une certaine raison | le sabeben ma | لسبب ما |
| parce que ... | ʿaʃān ... | عشان ... |
| pour une raison quelconque | le hadafen mā | لهدف ما |
| | | |
| et (conj) | w | و |
| ou (conj) | walla | ولّا |
| mais (conj) | bass | بسّ |
| pour ... (prep) | ʿaʃān | عشان |
| | | |
| trop (adv) | ketīr geddan | كتير جدّاً |
| seulement (adv) | bass | بسّ |
| précisément (adv) | bel ḍabṭ | بالضبط |
| près de ... (prep) | naḥw | نحو |
| | | |
| approximativement | naḥw | نحو |
| approximatif (adj) | taqrīby | تقريبي |
| presque (adv) | taʾrīban | تقريباً |
| reste (m) | el bāʾy (m) | الباقي |
| chaque (adj) | koll | كلّ |
| n'importe quel (adj) | ayī | أيّ |
| beaucoup (adv) | ketīr | كتير |
| plusieurs (pron) | nās ketīr | ناس كتير |
| tous | koll el nās | كلّ الناس |
| | | |
| en échange de ... | fi moqābel ... | في مقابل ... |
| en échange (adv) | fe moqābel | في مقابل |
| à la main (adv) | bel yad | باليد |
| peu probable (adj) | bel kād | بالكاد |
| | | |
| probablement (adv) | momken | ممكن |
| exprès (adv) | bel ʾaṣd | بالقصد |
| par accident (adv) | bel ṣodfa | بالصدفة |
| | | |
| très (adv) | ʾawy | قويّ |
| par exemple (adv) | masalan | مثلاً |
| entre (prep) | beyn | بين |
| parmi (prep) | wesṭ | وسط |
| autant (adv) | ketīr | كتير |
| surtout (adv) | χāṣṣa | خاصّة |

# NOMBRES. DIVERS

T&P Books Publishing

## 7. Les nombres cardinaux. Partie 1

| | | |
|---|---|---|
| zéro | ṣefr | صفر |
| un | wāḥed | واحد |
| une | waḥda | واحدة |
| deux | etneyn | إتنين |
| trois | talāta | ثلاثة |
| quatre | arbaʿa | أربعة |
| cinq | χamsa | خمسة |
| six | setta | ستّة |
| sept | sabʿa | سبعة |
| huit | tamanya | ثمانية |
| neuf | tesʿa | تسعة |
| dix | ʿaʃara | عشرة |
| onze | ḥedāʃar | حداشر |
| douze | etnāʃar | إتناشر |
| treize | talattāʃar | تلاتّاشر |
| quatorze | arbaʿtāʃer | أربعتاشر |
| quinze | χamastāʃer | خمستاشر |
| seize | settāʃar | ستّاشر |
| dix-sept | sabaʿtāʃar | سبعتاشر |
| dix-huit | tamantāʃar | تمنتاشر |
| dix-neuf | tesʿatāʃar | تسعتاشر |
| vingt | ʿeʃrīn | عشرين |
| vingt et un | wāḥed we ʿeʃrīn | واحد وعشرين |
| vingt-deux | etneyn we ʿeʃrīn | إتنين وعشرين |
| vingt-trois | talāta we ʿeʃrīn | ثلاثة وعشرين |
| trente | talatīn | ثلاثين |
| trente et un | wāḥed we talatīn | واحد وتلاتين |
| trente-deux | etneyn we talatīn | إتنين وتلاتين |
| trente-trois | talāta we talatīn | ثلاثة وثلاثين |
| quarante | arbeʿīn | أربعين |
| quarante et un | wāḥed we arbeʿīn | واحد وأربعين |
| quarante-deux | etneyn we arbeʿīn | إتنين وأربعين |
| quarante-trois | talāta we arbeʿīn | ثلاثة وأربعين |
| cinquante | χamsīn | خمسين |
| cinquante et un | wāḥed we χamsīn | واحد وخمسين |
| cinquante-deux | etneyn we χamsīn | إتنين وخمسين |
| cinquante-trois | talāta we χamsīn | ثلاثة وخمسين |

| | | |
|---|---|---|
| soixante | settīn | ستّين |
| soixante et un | wāḥed we settīn | واحد وستّين |
| soixante-deux | etneyn we settīn | إتنين وستّين |
| soixante-trois | talāta we settīn | ثلاثة وستّين |
| soixante-dix | sab'īn | سبعين |
| soixante et onze | wāḥed we sab'īn | واحد وسبعين |
| soixante-douze | etneyn we sab'īn | إتنين وسبعين |
| soixante-treize | talāta we sab'īn | ثلاثة وسبعين |
| quatre-vingts | tamanīn | ثمانين |
| quatre-vingt et un | wāḥed we tamanīn | واحد وتمانين |
| quatre-vingt deux | etneyn we tamanīn | إتنين وتمانين |
| quatre-vingt trois | talāta we tamanīn | ثلاثة وثمانين |
| quatre-vingt-dix | tes'īn | تسعين |
| quatre-vingt et onze | wāḥed we tes'īn | واحد وتسعين |
| quatre-vingt-douze | etneyn we tes'īn | إتنين وتسعين |
| quatre-vingt-treize | talāta we tes'īn | ثلاثة وتسعين |

## 8. Les nombres cardinaux. Partie 2

| | | |
|---|---|---|
| cent | miya | ميّة |
| deux cents | meteyn | ميتين |
| trois cents | toltomiya | تلتميّة |
| quatre cents | rob'omiya | ربعميّة |
| cinq cents | χomsomiya | خمسميّة |
| six cents | sotomiya | ستميّة |
| sept cents | sob'omiya | سبعميّة |
| huit cents | tomnome'a | ثمنمئة |
| neuf cents | tos'omiya | تسعميّة |
| mille | alf | ألف |
| deux mille | alfeyn | ألفين |
| trois mille | talat 'ālāf | ثلاث آلاف |
| dix mille | 'aʃaret 'ālāf | عشرة آلاف |
| cent mille | mīt alf | ميت ألف |
| million (m) | millyon (m) | مليون |
| milliard (m) | millyār (m) | مليار |

## 9. Les nombres ordinaux

| | | |
|---|---|---|
| premier (adj) | awwel | أوّل |
| deuxième (adj) | tāny | تاني |
| troisième (adj) | tālet | تالت |
| quatrième (adj) | rābe' | رابع |
| cinquième (adj) | χāmes | خامس |

| | | |
|---|---|---|
| sixième (adj) | sādes | سادس |
| septième (adj) | sābeʿ | سابع |
| huitième (adj) | tāmen | ثامن |
| neuvième (adj) | tāseʿ | تاسع |
| dixième (adj) | ʿāʃer | عاشر |

# LES COULEURS. LES UNITÉS DE MESURE

T&P Books Publishing

## 10. Les couleurs

| | | |
|---|---|---|
| couleur (f) | lone (m) | لون |
| teinte (f) | daraget el lōn (m) | درجة اللون |
| ton (m) | ṣabɣet lōn (f) | صبغة اللون |
| arc-en-ciel (m) | qose qozaḥ (m) | قوس قزح |
| blanc (adj) | abyaḍ | أبيض |
| noir (adj) | aswad | أسود |
| gris (adj) | romādy | رمادي |
| vert (adj) | axḍar | أخضر |
| jaune (adj) | aṣfar | أصفر |
| rouge (adj) | aḥmar | أحمر |
| bleu (adj) | azraʾ | أزرق |
| bleu clair (adj) | azraʾ fāteḥ | أزرق فاتح |
| rose (adj) | wardy | وردي |
| orange (adj) | bortoqāly | برتقاليّ |
| violet (adj) | banaffsegy | بنفسجي |
| brun (adj) | bonny | بنّي |
| d'or (adj) | dahaby | ذهبي |
| argenté (adj) | feḍḍy | فضّي |
| beige (adj) | bɛ:ʒ | بيج |
| crème (adj) | ʿāgy | عاجيّ |
| turquoise (adj) | fayrūzy | فيروزي |
| rouge cerise (adj) | aḥmar karazy | أحمر كرزي |
| lilas (adj) | laylaky | ليّلكي |
| framboise (adj) | qormozy | قرمزي |
| clair (adj) | fāteḥ | فاتح |
| foncé (adj) | ɣāmeʾ | غامق |
| vif (adj) | zāhy | زاهي |
| de couleur (adj) | melawwen | ملوّن |
| en couleurs (adj) | melawwen | ملوّن |
| noir et blanc (adj) | abyaḍ we aswad | أبيض وأسوّد |
| unicolore (adj) | sāda | سادة |
| multicolore (adj) | motaʿadded el alwān | متعدّد الألوان |

## 11. Les unités de mesure

| | | |
|---|---|---|
| poids (m) | wazn (m) | وزن |
| longueur (f) | ṭūl (m) | طول |

| | | |
|---|---|---|
| largeur (f) | ʿarḍ (m) | عرض |
| hauteur (f) | ertefāʿ (m) | إرتفاع |
| profondeur (f) | ʿomq (m) | عمق |
| volume (m) | ḥagm (m) | حجم |
| aire (f) | mesāḥa (f) | مساحة |
| gramme (m) | gram (m) | جرام |
| milligramme (m) | milligrām (m) | ملّيغرام |
| kilogramme (m) | kilogrām (m) | كيلوغرام |
| tonne (f) | ṭenn (m) | طنّ |
| livre (f) | reṭl (m) | رطل |
| once (f) | onṣa (f) | أونصة |
| mètre (m) | metr (m) | متر |
| millimètre (m) | millimetr (m) | ملّيمتر |
| centimètre (m) | santimetr (m) | سنتيمتر |
| kilomètre (m) | kilometr (m) | كيلومتر |
| mille (m) | mīl (m) | ميل |
| pouce (m) | boṣa (f) | بوصة |
| pied (m) | ʾadam (m) | قدم |
| yard (m) | yarda (f) | ياردة |
| mètre (m) carré | metr morabbaʿ (m) | متر مربّع |
| hectare (m) | hektār (m) | هكتار |
| litre (m) | litre (m) | لتر |
| degré (m) | daraga (f) | درجة |
| volt (m) | volt (m) | فولت |
| ampère (m) | ambere (m) | أمبير |
| cheval-vapeur (m) | ḥoṣān (m) | حصان |
| quantité (f) | kemiya (f) | كميّة |
| un peu de ... | ʃewayet ... | شويّة... |
| moitié (f) | noṣṣ (m) | نصّ |
| douzaine (f) | desta (f) | دستة |
| pièce (f) | waḥda (f) | وحدة |
| dimension (f) | ḥagm (m) | حجم |
| échelle (f) (de la carte) | meʾyās (m) | مقياس |
| minimal (adj) | el adna | الأدنى |
| le plus petit (adj) | el aṣɣar | الأصغر |
| moyen (adj) | motawasseṭ | متوّسط |
| maximal (adj) | el aqṣa | الأقصى |
| le plus grand (adj) | el akbar | الأكبر |

## 12. Les récipients

| | | |
|---|---|---|
| bocal (m) en verre | barṭamān (m) | برطمان |
| boîte, canette (f) | kanz (m) | كانز |

| | | |
|---|---|---|
| seau (m) | gardal (m) | جردل |
| tonneau (m) | barmīl (m) | برميل |
| bassine, cuvette (f) | ḥoḍe lel ɣasīl (m) | حوض للغسيل |
| cuve (f) | χazzān (m) | خزّان |
| flasque (f) | zamzamiya (f) | زمزميّة |
| jerrican (m) | ʒerken (m) | جركن |
| citerne (f) | χazzān (m) | خزّان |
| tasse (f), mug (m) | mugg (m) | ماجّ |
| tasse (f) | fengān (m) | فنجان |
| soucoupe (f) | ṭabaʾ fengān (m) | طبق فنجان |
| verre (m) (~ d'eau) | kobbāya (f) | كوبّاية |
| verre (m) à vin | kāsa (f) | كاسة |
| faitout (m) | ḥalla (f) | حلّة |
| bouteille (f) | ezāza (f) | إزازة |
| goulot (m) | ʿonq (m) | عنق |
| carafe (f) | dawraʾ zogāgy (m) | دوّرق زجاجي |
| pichet (m) | ebrīʾ (m) | إبريق |
| récipient (m) | weʿāʾ (m) | وعاء |
| pot (m) | aṣīṣ (m) | أصيص |
| vase (m) | vāza (f) | فازة |
| flacon (m) | ezāza (f) | إزازة |
| fiole (f) | ezāza (f) | إزازة |
| tube (m) | anbūba (f) | أنبوبة |
| sac (m) (grand ~) | kīs (m) | كيس |
| sac (m) (~ en plastique) | kīs (m) | كيس |
| paquet (m) (~ de cigarettes) | ʿelba (f) | علبة |
| boîte (f) | ʿelba (f) | علبة |
| caisse (f) | ṣandūʾ (m) | صندوق |
| panier (m) | salla (f) | سلّة |

# LES VERBES LES PLUS IMPORTANTS



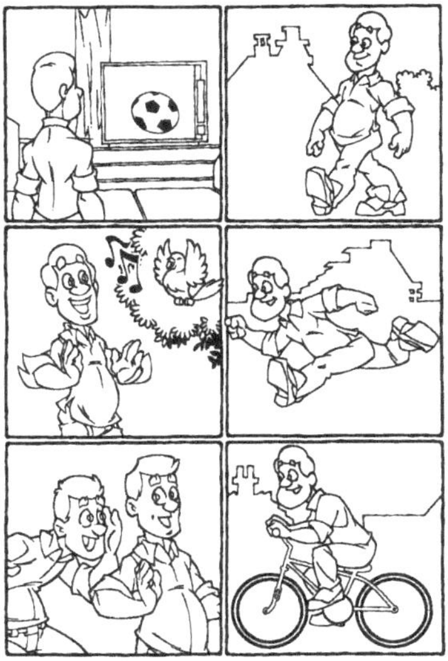

T&P Books Publishing

## 13. Les verbes les plus importants. Partie 1

| | | |
|---|---|---|
| aider (vt) | sā'ed | ساعد |
| aimer (qn) | ḥabb | حبّ |
| aller (à pied) | meʃy | مشى |
| apercevoir (vt) | lāḥaẓ | لاحظ |
| appartenir à … | χaṣṣ | خصّ |
| appeler (au secours) | estaɣās | إستغاث |
| attendre (vt) | estanna | إستنّى |
| attraper (vt) | mesek | مسك |
| avertir (vt) | ḥazzar | حذّر |
| avoir (vt) | malak | ملك |
| avoir confiance | wasaq | وثق |
| avoir faim | 'āyez 'ākol | عايز آكل |
| avoir peur | χāf | خاف |
| avoir soif | 'āyez aʃrab | عايز أشرب |
| cacher (vt) | χabba | خبّأ |
| casser (briser) | kasar | كسر |
| cesser (vt) | baṭṭal | بطّل |
| changer (vt) | ɣayar | غيّر |
| chasser (animaux) | eṣṭād | اصطاد |
| chercher (vt) | dawwar 'ala | دوّر على |
| choisir (vt) | eχtār | إختار |
| commander (~ le menu) | ṭalab | طلب |
| commencer (vt) | bada' | بدأ |
| comparer (vt) | qāran | قارن |
| comprendre (vt) | fehem | فهم |
| compter (dénombrer) | 'add | عدّ |
| compter sur … | e'tamad 'ala … | إعتمد على... |
| confondre (vt) | etlaχbaṭ | إتلخبط |
| connaître (qn) | 'eref | عرف |
| conseiller (vt) | naṣaḥ | نصح |
| continuer (vt) | wāṣel | واصل |
| contrôler (vt) | et-ḥakkem | إتحكّم |
| courir (vi) | gery | جري |
| coûter (vt) | kallef | كلّف |
| créer (vt) | 'amal | عمل |
| creuser (vt) | ḥafar | حفر |
| crier (vi) | ṣarraχ | صرّخ |

## 14. Les verbes les plus importants. Partie 2

| | | |
|---|---|---|
| décorer (~ la maison) | zayen | زيّن |
| défendre (vt) | dāfaʿ | دافع |
| déjeuner (vi) | etɣadda | إتغدى |
| demander (~ l'heure) | saʾal | سأل |
| demander (de faire qch) | ṭalab | طلب |
| descendre (vi) | nezel | نزل |
| deviner (vt) | χammen | خمّن |
| dîner (vi) | etʿaʃa | إتعشّى |
| dire (vt) | ʾāl | قال |
| diriger (~ une usine) | adār | أدار |
| discuter (vt) | nāʾeʃ | ناقش |
| donner (vt) | edda | إدّى |
| donner un indice | edda lamḥa | إدّى لمحة |
| douter (vt) | ʃakk fe | شكّ في |
| écrire (vt) | katab | كتب |
| entendre (bruit, etc.) | semeʿ | سمع |
| entrer (vi) | daχal | دخل |
| envoyer (vt) | arsal | أرسل |
| espérer (vi) | tamanna | تمنّى |
| essayer (vt) | ḥāwel | حاول |
| être (vi) | kān | كان |
| être d'accord | ettafaʾ | إتّفق |
| être nécessaire | maṭlūb | مطلوب |
| être pressé | estaʿgel | إستعجل |
| étudier (vt) | daras | درس |
| exiger (vt) | ṭāleb | طالب |
| exister (vi) | kān mawgūd | كان موّجود |
| expliquer (vt) | ʃaraḥ | شرح |
| faire (vt) | ʿamal | عمل |
| faire tomber | waʾʾaʿ | وقّع |
| finir (vt) | χallaṣ | خلّص |
| garder (conserver) | ḥafaẓ | حفظ |
| gronder, réprimander (vt) | wabbeχ | وبّخ |
| informer (vt) | ʾāl ly | قال لي |
| insister (vi) | aṣarr | أصرّ |
| insulter (vt) | ahān | أهان |
| inviter (vt) | ʿazam | عزم |
| jouer (s'amuser) | leʿeb | لعب |

## 15. Les verbes les plus importants. Partie 3

| | | |
|---|---|---|
| libérer (ville, etc.) | ḥarrar | حرّر |
| lire (vi, vt) | 'ara | قرأ |
| louer (prendre en location) | est'gar | إستأجر |
| manquer (l'école) | ɣāb | غاب |
| menacer (vt) | hadded | هدّد |
| mentionner (vt) | zakar | ذكر |
| montrer (vt) | warra | ورّى |
| nager (vi) | 'ām | عام |
| objecter (vt) | e'taraḍ | إعترض |
| observer (vt) | rāqab | راقب |
| ordonner (mil.) | amar | أمر |
| oublier (vt) | nesy | نسي |
| ouvrir (vt) | fataḥ | فتح |
| pardonner (vt) | 'afa | عفا |
| parler (vi, vt) | kallem | كلّم |
| participer à ... | ʃārek | شارك |
| payer (régler) | dafa' | دفع |
| penser (vi, vt) | fakkar | فكّر |
| permettre (vt) | samaḥ | سمح |
| plaire (être apprécié) | 'agab | عجب |
| plaisanter (vi) | hazzar | هزّر |
| planifier (vt) | xaṭṭeṭ | خطّط |
| pleurer (vi) | baka | بكى |
| posséder (vt) | malak | ملك |
| pouvoir (v aux) | 'eder | قدر |
| préférer (vt) | faḍḍal | فضّل |
| prendre (vt) | axad | أخد |
| prendre en note | katab | كتب |
| prendre le petit déjeuner | feṭer | فطر |
| préparer (le dîner) | ḥaḍḍar | حضّر |
| prévoir (vt) | tanabba' | تنبّأ |
| prier (~ Dieu) | ṣalla | صلّى |
| promettre (vt) | wa'ad | وعد |
| prononcer (vt) | naṭa' | نطق |
| proposer (vt) | 'araḍ | عرض |
| punir (vt) | 'āqab | عاقب |

## 16. Les verbes les plus importants. Partie 4

| | | |
|---|---|---|
| recommander (vt) | naṣaḥ | نصح |
| regretter (vt) | nedem | ندم |

| | | |
|---|---|---|
| répéter (dire encore) | karrar | كرّر |
| répondre (vi, vt) | gāwab | جاوب |
| réserver (une chambre) | ḥagaz | حجز |
| rester silencieux | seket | سكت |
| réunir (regrouper) | waḥḥed | وحّد |
| rire (vi) | ḍeḥek | ضحك |
| s'arrêter (vp) | wa''af | وقّف |
| s'asseoir (vp) | 'a'ad | قعد |
| sauver (la vie à qn) | anqaz | أنقذ |
| savoir (qch) | 'eref | عرف |
| se baigner (vp) | sebeḥ | سبح |
| se plaindre (vp) | ʃaka | شكا |
| se refuser (vp) | rafaḍ | رفض |
| se tromper (vp) | ɣeleṭ | غلط |
| se vanter (vp) | tabāha | تباهى |
| s'étonner (vp) | etfāge' | إتفاجئ |
| s'excuser (vp) | e'tazar | إعتذر |
| signer (vt) | waqqa' | وقّع |
| signifier (vt) | 'aṣad | قصد |
| s'intéresser (vp) | ehtamm be | إهتمّ بـ |
| sortir (aller dehors) | χarag | خرج |
| sourire (vi) | ebtasam | إبتسم |
| sous-estimer (vt) | estaχaff | إستخفّ |
| suivre ... (suivez-moi) | tatabba' | تتبّع |
| tirer (vi) | ḍarab bel nār | ضرب بالنار |
| tomber (vi) | we'e' | وقع |
| toucher (avec les mains) | lamas | لمس |
| tourner (~ à gauche) | ḥād | حاد |
| traduire (vt) | targem | ترجم |
| travailler (vi) | eʃtaɣal | إشتغل |
| tromper (vt) | χada' | خدع |
| trouver (vt) | la'a | لقى |
| tuer (vt) | 'atal | قتل |
| vendre (vt) | bā' | باع |
| venir (vi) | weṣel | وصل |
| voir (vt) | ʃāf | شاف |
| voler (avion, oiseau) | ṭār | طار |
| voler (qch à qn) | sara' | سرق |
| vouloir (vt) | 'āyez | عايز |

# LA NOTION DE TEMPS. LE CALENDRIER

T&P Books Publishing

## 17. Les jours de la semaine

| | | |
|---|---|---|
| lundi (m) | el etneyn (m) | الإتنين |
| mardi (m) | el talāt (m) | التلات |
| mercredi (m) | el arbe'ā' (m) | الأربعاء |
| jeudi (m) | el χamīs (m) | الخميس |
| vendredi (m) | el gom'a (m) | الجمعة |
| samedi (m) | el sabt (m) | السبت |
| dimanche (m) | el aḥad (m) | الأحد |
| aujourd'hui (adv) | el naharda | النهارده |
| demain (adv) | bokra | بكرة |
| après-demain (adv) | ba'd bokra (m) | بعد بكرة |
| hier (adv) | embāreḥ | امبارح |
| avant-hier (adv) | awwel embāreḥ | أوّل امبارح |
| jour (m) | yome (m) | يوم |
| jour (m) ouvrable | yome 'amal (m) | يوم عمل |
| jour (m) férié | agāza rasmiya (f) | أجازة رسميّة |
| jour (m) de repos | yome el agāza (m) | يوم أجازة |
| week-end (m) | nehāyet el osbū' (f) | نهاية الأسبوع |
| toute la journée | ṭūl el yome | طول اليوم |
| le lendemain | fel yome elly ba'dīh | في اليوم اللي بعديه |
| il y a 2 jours | men yomeyn | من يومين |
| la veille | fel yome elly 'ablo | في اليوم اللي قبله |
| quotidien (adj) | yawmy | يومي |
| tous les jours | yawmiyan | يومياً |
| semaine (f) | osbū' (m) | أسبوع |
| la semaine dernière | el esbū' elly fāt | الأسبوع اللي فات |
| la semaine prochaine | el esbū' elly gayī | الأسبوع اللي جاي |
| hebdomadaire (adj) | osbū'y | أسبوعي |
| chaque semaine | osbū'iyan | أسبوعياً |
| 2 fois par semaine | marreteyn fel osbū' | مرّتين في الأسبوع |
| tous les mardis | koll solasā' | كلّ ثلاثاء |

## 18. Les heures. Le jour et la nuit

| | | |
|---|---|---|
| matin (m) | ṣobḥ (m) | صبح |
| le matin | fel ṣobḥ | في الصبح |
| midi (m) | ẓohr (m) | ظهر |
| dans l'après-midi | ba'd el ḍohr | بعد الظهر |
| soir (m) | leyl (m) | ليل |

| | | |
|---|---|---|
| le soir | bel leyl | بالليل |
| nuit (f) | leyl (m) | ليل |
| la nuit | bel leyl | بالليل |
| minuit (f) | noṣṣ el leyl (m) | نصّ الليل |
| seconde (f) | sanya (f) | ثانية |
| minute (f) | deʔ'a (f) | دقيقة |
| heure (f) | sāʿa (f) | ساعة |
| demi-heure (f) | noṣṣ sāʿa (m) | نصّ ساعة |
| un quart d'heure | robʿ sāʿa (f) | ربع ساعة |
| quinze minutes | χamastāʃer deʔ'a | خمستاشر دقيقة |
| vingt-quatre heures | arbaʿa we ʿeʃrīn sāʿa | أربعة وعشرين ساعة |
| lever (m) du soleil | ʃorūʾ el ʃams (m) | شروق الشمس |
| aube (f) | fagr (m) | فجر |
| point (m) du jour | ṣobḥ badry (m) | صبح بدري |
| coucher (m) du soleil | ɣorūb el ʃams (m) | غروب الشمس |
| tôt le matin | el ṣobḥ badry | الصبح بدري |
| ce matin | el naharda el ṣobḥ | النهاردة الصبح |
| demain matin | bokra el ṣobḥ | بكرة الصبح |
| cet après-midi | el naharda baʿd el ḍohr | النهاردة بعد الظهر |
| dans l'après-midi | baʿd el ḍohr | بعد الظهر |
| demain après-midi | bokra baʿd el ḍohr | بكرة بعد الظهر |
| ce soir | el naharda bel leyl | النهاردة بالليل |
| demain soir | bokra bel leyl | بكرة بالليل |
| à 3 heures précises | es sāʿa talāta bel ḍabṭ | الساعة تلاتة بالضبط |
| autour de 4 heures | es sāʿa arbaʿa taʾrīban | الساعة أربعة تقريبا |
| vers midi | ḥatt es sāʿa etnāʃar | حتى الساعة إتناشر |
| dans 20 minutes | fe χelāl ʿeʃrīn deʿeeʿa | في خلال عشرين دقيقة |
| dans une heure | fe χelāl sāʿa | في خلال ساعة |
| à temps | fe mawʿedo | في موعده |
| ... moins le quart | ella robʿ | إلّا ربع |
| en une heure | χelāl sāʿa | خلال ساعة |
| tous les quarts d'heure | koll robʿ sāʿa | كلّ ربع ساعة |
| 24 heures sur 24 | leyl nahār | ليل نهار |

## 19. Les mois. Les saisons

| | | |
|---|---|---|
| janvier (m) | yanāyer (m) | يناير |
| février (m) | febrāyer (m) | فبراير |
| mars (m) | māres (m) | مارس |
| avril (m) | ebrīl (m) | إبريل |
| mai (m) | māyo (m) | مايو |
| juin (m) | yonyo (m) | يونيو |
| juillet (m) | yolyo (m) | يوليو |

| | | |
|---|---|---|
| août (m) | oɣosṭos (m) | أغسطس |
| septembre (m) | sebtamber (m) | سبتمبر |
| octobre (m) | oktober (m) | أكتوبر |
| novembre (m) | november (m) | نوفمبر |
| décembre (m) | desember (m) | ديسمبر |
| | | |
| printemps (m) | rabeeʿ (m) | ربيع |
| au printemps | fel rabeeʿ | في الربيع |
| de printemps (adj) | rabeeʿy | ربيعي |
| | | |
| été (m) | ṣeyf (m) | صيف |
| en été | fel ṣeyf | في الصيف |
| d'été (adj) | ṣeyfy | صيفي |
| | | |
| automne (m) | χarīf (m) | خريف |
| en automne | fel χarīf | في الخريف |
| d'automne (adj) | χarīfy | خريفي |
| | | |
| hiver (m) | ʃetāʾ (m) | شتاء |
| en hiver | fel ʃetāʾ | في الشتاء |
| d'hiver (adj) | ʃetwy | شتوَي |
| | | |
| mois (m) | ʃahr (m) | شهر |
| ce mois | fel ʃahr da | في الشهر ده |
| le mois prochain | el ʃahr el gayī | الشهر الجايَ |
| le mois dernier | el ʃahr elly fāt | الشهر اللي فات |
| | | |
| il y a un mois | men ʃahr | من شهر |
| dans un mois | baʿd ʃahr | بعد شهر |
| dans 2 mois | baʿd ʃahreyn | بعد شهرين |
| tout le mois | el ʃahr kollo | الشهر كلّه |
| tout un mois | ṭawāl el ʃahr | طوال الشهر |
| | | |
| mensuel (adj) | ʃahry | شهري |
| mensuellement | ʃahry | شهري |
| chaque mois | koll ʃahr | كلّ شهر |
| 2 fois par mois | marreteyn fel ʃahr | مرّتين في الشهر |
| | | |
| année (f) | sana (f) | سنة |
| cette année | el sana di | السنة دي |
| l'année prochaine | el sana el gaya | السنة الجايّة |
| l'année dernière | el sana elly fātet | السنة اللي فاتت |
| | | |
| il y a un an | men sana | من سنة |
| dans un an | baʿd sana | بعد سنة |
| dans 2 ans | baʿd sanateyn | بعد سنتين |
| toute l'année | el sana kollaha | السنة كلّها |
| toute une année | ṭūl el sana | طول السنة |
| | | |
| chaque année | koll sana | كلّ سنة |
| annuel (adj) | sanawy | سنوَي |
| annuellement | koll sana | كلّ سنة |

| | | |
|---|---|---|
| 4 fois par an | arbaʿ marrāt fel sana | أربع مرات في السنة |
| date (f) (jour du mois) | tarīχ (m) | تاريخ |
| date (f) (~ mémorable) | tarīχ (m) | تاريخ |
| calendrier (m) | natīga (f) | نتيجة |
| six mois | noṣṣ sana | نصّ سنة |
| semestre (m) | settet aʃ-hor (f) | ستّة أشهر |
| saison (f) | faṣl (m) | فصل |
| siècle (m) | qarn (m) | قرن |

# LES VOYAGES. L'HÔTEL

T&P Books Publishing

## 20. Les voyages. Les excursions

| | | |
|---|---|---|
| tourisme (m) | seyāḥa (f) | سياحة |
| touriste (m) | sā'eḥ (m) | سائح |
| voyage (m) (à l'étranger) | reḥla (f) | رحلة |
| aventure (f) | moɣamra (f) | مغامرة |
| voyage (m) | reḥla (f) | رحلة |
| vacances (f pl) | agāza (f) | أجازة |
| être en vacances | kān fi agāza | كان في أجازة |
| repos (m) (jours de ~) | estrāḥa (f) | إستراحة |
| train (m) | qeṭār, 'aṭṭr (m) | قطار |
| en train | bel qeṭār - bel aṭṭr | بالقطار |
| avion (m) | ṭayāra (f) | طيّارة |
| en avion | bel ṭayāra | بالطيّارة |
| en voiture | bel sayāra | بالسيّارة |
| en bateau | bel safīna | بالسفينة |
| bagage (m) | el ʃonaṭ (pl) | الشنط |
| malle (f) | ʃanṭa (f) | شنطة |
| chariot (m) | 'arabet ʃonaṭ (f) | عربة شنط |
| passeport (m) | basbore (m) | باسبور |
| visa (m) | ta'ʃīra (f) | تأشيرة |
| ticket (m) | tazkara (f) | تذكرة |
| billet (m) d'avion | tazkara ṭayarān (f) | تذكرة طيران |
| guide (m) (livre) | dalīl (m) | دليل |
| carte (f) | χarīṭa (f) | خريطة |
| région (f) (~ rurale) | mante'a (f) | منطقة |
| endroit (m) | makān (m) | مكان |
| exotisme (m) | ɣarāba (f) | غرابة |
| exotique (adj) | ɣarīb | غريب |
| étonnant (adj) | mod-heʃ | مدهش |
| groupe (m) | magmū'a (f) | مجموعة |
| excursion (f) | gawla (f) | جولة |
| guide (m) (personne) | morʃed (m) | مرشد |

## 21. L'hôtel

| | | |
|---|---|---|
| hôtel (m) | fondo' (m) | فندق |
| motel (m) | motel (m) | موتيل |

| | | |
|---|---|---|
| 3 étoiles | talat nogūm | ثلاث نجوم |
| 5 étoiles | χamas nogūm | خمس نجوم |
| descendre (à l'hôtel) | nezel | نزل |
| chambre (f) | oḍa (f) | أوضة |
| chambre (f) simple | owḍa le ʃaχṣ wāḥed (f) | أوضة لشخص واحد |
| chambre (f) double | oḍa le ʃaχṣeyn (f) | أوضة لشخصين |
| réserver une chambre | ḥagaz owḍa | حجز أوضة |
| demi-pension (f) | wagbeteyn fel yome (du) | وجبتين في اليوم |
| pension (f) complète | talat wagabāt fel yome | ثلاث وجبات في اليوم |
| avec une salle de bain | bel banyo | بـ البانيو |
| avec une douche | bel doʃ | بالدوش |
| télévision (f) par satellite | televizion be qanawāt faḍā'iya (m) | تليفزيون بقنوات فضائية |
| climatiseur (m) | takyīf (m) | تكييف |
| serviette (f) | fūṭa (f) | فوطة |
| clé (f) | meftāḥ (m) | مفتاح |
| administrateur (m) | modīr (m) | مدير |
| femme (f) de chambre | ʿāmela tandīf ɣoraf (f) | عاملة تنظيف غرف |
| porteur (m) | ʃayāl (m) | شيّال |
| portier (m) | bawwāb (m) | بوّاب |
| restaurant (m) | maṭʿam (m) | مطعم |
| bar (m) | bār (m) | بار |
| petit déjeuner (m) | foṭūr (m) | فطور |
| dîner (m) | ʿaʃāʾ (m) | عشاء |
| buffet (m) | bofeyh (m) | بوفيه |
| hall (m) | rad-ha (f) | ردهة |
| ascenseur (m) | asanseyr (m) | اسانسير |
| PRIÈRE DE NE PAS DÉRANGER | nargu ʿadam el ezʿāg | نرجو عدم الإزعاج |
| DÉFENSE DE FUMER | mamnūʿ el tadχīn | ممنوع التدخين |

## 22. Le tourisme

| | | |
|---|---|---|
| monument (m) | temsāl (m) | تمثال |
| forteresse (f) | ʾalʿa (f) | قلعة |
| palais (m) | ʾaṣr (m) | قصر |
| château (m) | ʾalʿa (f) | قلعة |
| tour (f) | borg (m) | برج |
| mausolée (m) | ḍarīḥ (m) | ضريح |
| architecture (f) | handasa meʿmāriya (f) | هندسة معمارية |
| médiéval (adj) | men el qorūn el wosṭa | من القرون الوسطى |
| ancien (adj) | ʿatīq | عتيق |

| | | |
|---|---|---|
| national (adj) | waṭany | وطني |
| connu (adj) | maʃ-hūr | مشهور |
| | | |
| touriste (m) | sā'eḥ (m) | سائح |
| guide (m) (personne) | morʃed (m) | مرشد |
| excursion (f) | gawla (f) | جولة |
| montrer (vt) | warra | ورّى |
| raconter (une histoire) | 'āl | قال |
| | | |
| trouver (vt) | la'a | لقى |
| se perdre (vp) | ḍā' | ضاع |
| plan (m) (du metro, etc.) | χarīṭa (f) | خريطة |
| carte (f) (de la ville, etc.) | χarīṭa (f) | خريطة |
| | | |
| souvenir (m) | tezkār (m) | تذكار |
| boutique (f) de souvenirs | maḥal hadāya (m) | محل هدايا |
| prendre en photo | ṣawwar | صوّر |
| se faire prendre en photo | etṣawwar | إتصوّر |

# LES TRANSPORTS



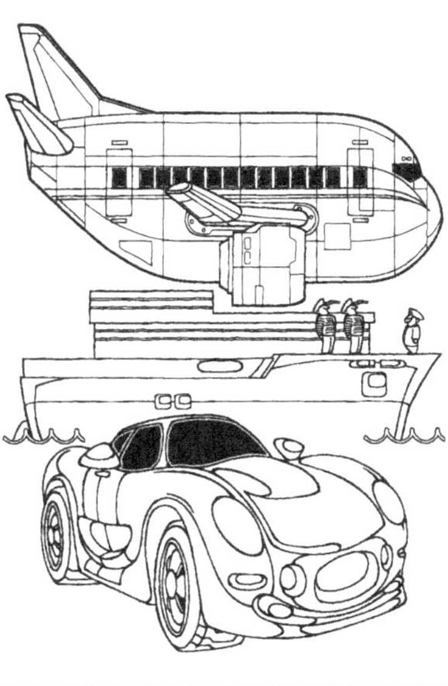

T&P Books Publishing

## 23. L'aéroport

| | | |
|---|---|---|
| aéroport (m) | maṭār (m) | مطار |
| avion (m) | ṭayāra (f) | طيّارة |
| compagnie (f) aérienne | ʃerket ṭayarān (f) | شركة طيران |
| contrôleur (m) aérien | marākeb el ḥaraka el gawiya (m) | مراكب الحركة الجويّة |
| départ (m) | moɣadra (f) | مغادرة |
| arrivée (f) | woṣūl (m) | وصول |
| arriver (par avion) | weṣel | وصل |
| temps (m) de départ | wa't el moɣadra (m) | وقت المغادرة |
| temps (m) d'arrivée | wa't el woṣūl (m) | وقت الوصول |
| être retardé | ta'akɣar | تأخّر |
| retard (m) de l'avion | ta'aχor el reḥla (m) | تأخّر الرحلة |
| tableau (m) d'informations | lawḥet el ma'lomāt (f) | لوحة المعلومات |
| information (f) | este'lamāt (pl) | إستعلامات |
| annoncer (vt) | a'lan | أعلن |
| vol (m) | reḥlet ṭayarān (f) | رحلة طيران |
| douane (f) | gamārek (pl) | جمارك |
| douanier (m) | mowazzaf el gamārek (m) | موظّف الجمارك |
| déclaration (f) de douane | taṣrīḥ gomroky (m) | تصريح جمركي |
| remplir (vt) | mala | ملا |
| remplir la déclaration | mala el taṣrīḥ | ملأ التصريح |
| contrôle (m) de passeport | taftīʃ el gawazāt (m) | تفتيش الجوازات |
| bagage (m) | el ʃonaṭ (pl) | الشنط |
| bagage (m) à main | ʃonaṭ el yad (pl) | شنط اليد |
| chariot (m) | 'arabet ʃonaṭ (f) | عربة شنط |
| atterrissage (m) | hobūṭ (m) | هبوط |
| piste (f) d'atterrissage | mamarr el hobūṭ (m) | ممرّ الهبوط |
| atterrir (vi) | habaṭ | هبط |
| escalier (m) d'avion | sellem el ṭayāra (m) | سلّم الطيّارة |
| enregistrement (m) | tasgīl (m) | تسجيل |
| comptoir (m) d'enregistrement | makān tasgīl (m) | مكان تسجيل |
| s'enregistrer (vp) | saggel | سجّل |
| carte (f) d'embarquement | beṭāqet el rokūb (f) | بطاقة الركوب |
| porte (f) d'embarquement | bawwābet el moɣadra (f) | بوّابة المغادرة |

| | | |
|---|---|---|
| transit (m) | tranzīt (m) | ترانزيت |
| attendre (vt) | estanna | إستنّى |
| salle (f) d'attente | ṣālet el moɣadra (f) | صالة المغادرة |
| raccompagner (à l'aéroport, etc.) | wadda' | ودّع |
| dire au revoir | wadda' | ودّع |

## 24. L'avion

| | | |
|---|---|---|
| avion (m) | ṭayāra (f) | طيّارة |
| billet (m) d'avion | tazkara ṭayarān (f) | تذكرة طيران |
| compagnie (f) aérienne | ʃerket ṭayarān (f) | شركة طيران |
| aéroport (m) | maṭār (m) | مطار |
| supersonique (adj) | χāreq lel ṣote | خارق للصوت |
| commandant (m) de bord | kabten (m) | كابتن |
| équipage (m) | ṭa'm (m) | طقم |
| pilote (m) | ṭayār (m) | طيّار |
| hôtesse (f) de l'air | moḍīfet ṭayarān (f) | مضيفة طيران |
| navigateur (m) | mallāḥ (m) | ملّاح |
| ailes (f pl) | agneḥa (pl) | أجنحة |
| queue (f) | deyl (m) | ذيل |
| cabine (f) | kabīna (f) | كابينة |
| moteur (m) | motore (m) | موتور |
| train (m) d'atterrissage | 'agalāt el hobūṭ (pl) | عجلات الهبوط |
| turbine (f) | torbīna (f) | توربينة |
| hélice (f) | marwaḥa (f) | مروّحة |
| boîte (f) noire | mosaggel el ṭayarān (m) | مسجّل الطيران |
| gouvernail (m) | moqawwed el ṭayāra (m) | مقوّد الطيّارة |
| carburant (m) | woqūd (m) | وقود |
| consigne (f) de sécurité | beṭā'et el salāma (f) | بطاقة السلامة |
| masque (m) à oxygène | mask el oksyʒīn (m) | ماسك الاوكسيجين |
| uniforme (m) | zayī muwaḥḥad (m) | زيّ موحّد |
| gilet (m) de sauvetage | sotret nagah (f) | سترة نجاة |
| parachute (m) | baraʃot (m) | باراشوت |
| décollage (m) | eqlā' (m) | إقلاع |
| décoller (vi) | aqla'et | أقلعت |
| piste (f) de décollage | modarrag el ṭa'erāṭ (m) | مدرّج الطائرات |
| visibilité (f) | ro'ya (f) | رؤية |
| vol (m) (~ d'oiseau) | ṭayarān (m) | طيران |
| altitude (f) | ertefā' (m) | إرتفاع |
| trou (m) d'air | geyb hawā'y (m) | جيب هوائي |
| place (f) | meq'ad (m) | مقعد |
| écouteurs (m pl) | samma'āt ra'siya (pl) | سمّاعات رأسية |

| | | |
|---|---|---|
| tablette (f) | ṣeniya qabela lel ṭayī (f) | صينية قابلة للطيّ |
| hublot (m) | ʃebbāk el ṭayāra (m) | شبّاك الطيّارة |
| couloir (m) | mamarr (m) | ممرّ |

## 25. Le train

| | | |
|---|---|---|
| train (m) | qeṭār, ʾaṭṭr (m) | قطار |
| train (m) de banlieue | qeṭār rokkāb (m) | قطار ركّاب |
| TGV (m) | qeṭār saree' (m) | قطار سريع |
| locomotive (f) diesel | qāṭeret dīzel (f) | قاطرة ديزل |
| locomotive (f) à vapeur | qāṭera boχariya (f) | قاطرة بخاريّة |
| wagon (m) | ʿaraba (f) | عربة |
| wagon-restaurant (m) | ʿarabet el ṭaʿām (f) | عربة الطعام |
| rails (m pl) | qoḍbān (pl) | قضبان |
| chemin (m) de fer | sekka ḥadīdiya (f) | سكّة حديديّة |
| traverse (f) | ʿāreḍa sekket ḥadīd (f) | عارضة سكّة الحديد |
| quai (m) | raṣīf (m) | رصيف |
| voie (f) | χaṭṭ (m) | خطّ |
| sémaphore (m) | semafore (m) | سيمافور |
| station (f) | maḥaṭṭa (f) | محطّة |
| conducteur (m) de train | sawwāʾ (m) | سوّاق |
| porteur (m) | ʃayāl (m) | شيّال |
| steward (m) | masʾūl ʿarabet el qeṭār (m) | مسؤول عربة القطار |
| passager (m) | rākeb (m) | راكب |
| contrôleur (m) de billets | kamsary (m) | كمسري |
| couloir (m) | mamarr (m) | ممرّ |
| frein (m) d'urgence | farāmel el ṭawāreʾ (pl) | فرامل الطوارئ |
| compartiment (m) | ɣorfa (f) | غرفة |
| couchette (f) | serīr (m) | سرير |
| couchette (f) d'en haut | serīr ʿolwy (m) | سرير علويّ |
| couchette (f) d'en bas | serīr sofly (m) | سرير سفلي |
| linge (m) de lit | aɣṭeyet el serīr (pl) | أغطيّة السرير |
| ticket (m) | tazkara (f) | تذكرة |
| horaire (m) | gadwal (m) | جدوَل |
| tableau (m) d'informations | lawḥet maʿlomāt (f) | لوحة معلومات |
| partir (vi) | ɣādar | غادر |
| départ (m) (du train) | moɣadra (f) | مغادرة |
| arriver (le train) | weṣel | وصل |
| arrivée (f) | woṣūl (m) | وصول |
| arriver en train | weṣel bel qeṭār | وصل بالقطار |
| prendre le train | rekeb el qeṭār | ركب القطار |

| | | |
|---|---|---|
| descendre du train | nezel men el qeṭār | نزل من القطار |
| accident (m) ferroviaire | ḥeṭām qeṭār (m) | حطام قطار |
| dérailler (vi) | χarag ʿan χaṭṭ sīru | خرج عن خطّ سيره |
| locomotive (f) à vapeur | qāṭera boχariya (f) | قاطرة بخاريّة |
| chauffeur (m) | ʿatʃagy (m) | عطشجي |
| chauffe (f) | forn el moḥarrek (m) | فرن المحرّك |
| charbon (m) | faḥm (m) | فحم |

## 26. Le bateau

| | | |
|---|---|---|
| bateau (m) | safīna (f) | سفينة |
| navire (m) | safīna (f) | سفينة |
| bateau (m) à vapeur | baχera (f) | باخرة |
| paquebot (m) | baχera nahriya (f) | باخرة نهرية |
| bateau (m) de croisière | safīna seyaḥiya (f) | سفينة سياحيّة |
| croiseur (m) | ṭarrād safīna baḥariya (m) | طرّاد سفينة بحريّة |
| yacht (m) | yaχt (m) | يخت |
| remorqueur (m) | qāṭera baḥariya (f) | قاطرة بحريّة |
| péniche (f) | ṣandal (m) | صندل |
| ferry (m) | ʿabbāra (f) | عبّارة |
| voilier (m) | safīna ʃeraʿiya (m) | سفينة شراعيّة |
| brigantin (m) | markeb ʃerāʿy (m) | مركب شراعي |
| brise-glace (m) | moḥaṭṭemet galīd (f) | محطّمة جليد |
| sous-marin (m) | ɣawwāṣa (f) | غوّاصة |
| canot (m) à rames | markeb (m) | مركب |
| dinghy (m) | zawraʾ (m) | زورق |
| canot (m) de sauvetage | qāreb nagah (m) | قارب نجاة |
| canot (m) à moteur | lunʃ (m) | لنش |
| capitaine (m) | ʾobṭān (m) | قبطان |
| matelot (m) | baḥḥār (m) | بحّار |
| marin (m) | baḥḥār (m) | بحّار |
| équipage (m) | ṭāqem (m) | طاقم |
| maître (m) d'équipage | rabbān (m) | ربّان |
| mousse (m) | ṣaby el safīna (m) | صبي السفينة |
| cuisinier (m) du bord | ṭabbāχ (m) | طبّاخ |
| médecin (m) de bord | ṭabīb el safīna (m) | طبيب السفينة |
| pont (m) | saṭ-ḥ el safīna (m) | سطح السفينة |
| mât (m) | sāreya (f) | سارية |
| voile (f) | ʃerāʿ (m) | شراع |
| cale (f) | ʿanbar (m) | عنبر |
| proue (f) | moʾaddema (m) | مقدّمة |

| | | |
|---|---|---|
| poupe (f) | mo'axeret el safīna (f) | مؤخّرة السفينة |
| rame (f) | megdāf (m) | مجذاف |
| hélice (f) | marwaḥa (f) | مروَحة |
| cabine (f) | kabīna (f) | كابينة |
| carré (m) des officiers | ɣorfet el ṭa'ām wel rāḥa (f) | غرفة الطعام والراحة |
| salle (f) des machines | qesm el 'ālāt (m) | قسم الآلات |
| passerelle (f) | borg el qeyāda (m) | برج القيادة |
| cabine (f) de T.S.F. | ɣorfet el lāselky (f) | غرفة اللاسلكي |
| onde (f) | mouga (f) | موجة |
| journal (m) de bord | segel el safīna (m) | سجل السفينة |
| longue-vue (f) | monzār (m) | منظار |
| cloche (f) | garas (m) | جرس |
| pavillon (m) | 'alam (m) | علم |
| grosse corde (f) tressée | ḥabl (m) | حبل |
| nœud (m) marin | 'o'da (f) | عقدة |
| rampe (f) | drabzīn saṭ-ḥ el safīna (m) | درابزين سطح السفينة |
| passerelle (f) | sellem (m) | سلّم |
| ancre (f) | marsāh (f) | مرساة |
| lever l'ancre | rafa' morsah | رفع مرساة |
| jeter l'ancre | rasa | رسا |
| chaîne (f) d'ancrage | selselet morsah (f) | سلسلة مرساة |
| port (m) | minā' (m) | ميناء |
| embarcadère (m) | marsa (m) | مرسى |
| accoster (vi) | rasa | رسا |
| larguer les amarres | aqla' | أقلع |
| voyage (m) (à l'étranger) | reḥla (f) | رحلة |
| croisière (f) | reḥla baḥariya (f) | رحلة بحريّة |
| cap (m) (suivre un ~) | masār (m) | مسار |
| itinéraire (m) | ṭarī' (m) | طريق |
| chenal (m) | magra melāḥy (m) | مجرى ملاحيّ |
| bas-fond (m) | meyāh ḍaḥla (f) | مياه ضحلة |
| échouer sur un bas-fond | ganaḥ | جنح |
| tempête (f) | 'āṣefa (f) | عاصفة |
| signal (m) | eʃara (f) | إشارة |
| sombrer (vi) | ɣere' | غرق |
| Un homme à la mer! | sa'aṭ rāgil min el sefīna! | !سقط راجل من السفينة |
| SOS (m) | nedā' eɣāsa (m) | نداء إغاثة |
| bouée (f) de sauvetage | ṭo'e nagah (m) | طوق نجاة |

# LA VILLE

T&P Books Publishing

## 27. Les transports en commun

| | | |
|---|---|---|
| autobus (m) | buṣ (m) | باص |
| tramway (m) | trām (m) | ترام |
| trolleybus (m) | trolly buṣ (m) | ترولي باص |
| itinéraire (m) | χaṭṭ (m) | خطّ |
| numéro (m) | raqam (m) | رقم |
| | | |
| prendre ... | rāḥ be ... | راح بـ ... |
| monter (dans l'autobus) | rekeb | ركب |
| descendre de ... | nezel men | نزل من |
| | | |
| arrêt (m) | maw'af (m) | موقّف |
| arrêt (m) prochain | el maḥaṭṭa el gaya (f) | المحطة الجايّة |
| terminus (m) | 'āχer maw'af (m) | آخر موقف |
| horaire (m) | gadwal (m) | جدول |
| attendre (vt) | estanna | إستنّى |
| | | |
| ticket (m) | tazkara (f) | تذكرة |
| prix (m) du ticket | ogra (f) | أجرة |
| | | |
| caissier (m) | kaʃier (m) | كاشير |
| contrôle (m) des tickets | taftīʃ el tazāker (m) | تفتيش التذاكر |
| contrôleur (m) | mofatteʃ tazāker (m) | مفتّش تذاكر |
| | | |
| être en retard | met'akχer | متأخّر |
| rater (~ le train) | ta'akχar | تأخّر |
| se dépêcher | mesta'gel | مستعجل |
| | | |
| taxi (m) | taksi (m) | تاكسي |
| chauffeur (m) de taxi | sawwā' taksi (m) | سوّاق تاكسي |
| en taxi | bel taksi | بالتاكسي |
| arrêt (m) de taxi | maw'ef taksi (m) | موقّف تاكسي |
| appeler un taxi | kallem taksi | كلّم تاكسي |
| prendre un taxi | aχad taksi | أخد تاكسي |
| | | |
| trafic (m) | ḥaraket el morūr (f) | حركة المرور |
| embouteillage (m) | zaḥmet el morūr (f) | زحمة المرور |
| heures (f pl) de pointe | sā'et el zorwa (f) | ساعة الذروة |
| se garer (vp) | rakan | ركن |
| garer (vt) | rakan | ركن |
| parking (m) | maw'ef el 'arabeyāt (m) | موقف العربيات |
| | | |
| métro (m) | metro (m) | مترو |
| station (f) | maḥaṭṭa (f) | محطّة |
| prendre le métro | aχad el metro | أخد المترو |

| | | |
|---|---|---|
| train (m) | qeṭār, ʾaṭṭr (m) | قطار |
| gare (f) | maḥaṭṭet qeṭār (f) | محطّة قطار |

## 28. La ville. La vie urbaine

| | | |
|---|---|---|
| ville (f) | madīna (f) | مدينة |
| capitale (f) | ʿāṣema (f) | عاصمة |
| village (m) | qarya (f) | قرية |
| plan (m) de la ville | xarīṭet el madinah (f) | خريطة المدينة |
| centre-ville (m) | wesṭ el balad (m) | وسط البلد |
| banlieue (f) | ḍāḥeya (f) | ضاحية |
| de banlieue (adj) | el ḍawāḥy | الضواحي |
| périphérie (f) | aṭrāf el madīna (pl) | أطراف المدينة |
| alentours (m pl) | ḍawāḥy el madīna (pl) | ضواحي المدينة |
| quartier (m) | ḥayī (m) | حي |
| quartier (m) résidentiel | ḥayī sakany (m) | حي سكني |
| trafic (m) | ḥaraket el morūr (f) | حركة المرور |
| feux (m pl) de circulation | eʃārāt el morūr (pl) | إشارات المرور |
| transport (m) urbain | wasāʾel el naʾl (pl) | وسائل النقل |
| carrefour (m) | taqāṭoʿ (m) | تقاطع |
| passage (m) piéton | maʿbar (m) | معبر |
| passage (m) souterrain | nafaʾ moʃāh (m) | نفق مشاه |
| traverser (vt) | ʿabar | عبر |
| piéton (m) | māʃy (m) | ماشي |
| trottoir (m) | raṣīf (m) | رصيف |
| pont (m) | kobry (m) | كبري |
| quai (m) | korneyʃ (m) | كورنيش |
| fontaine (f) | nafūra (f) | نافورة |
| allée (f) | mamʃa (m) | ممشى |
| parc (m) | ḥadīqa (f) | حديقة |
| boulevard (m) | bolvār (m) | بولفار |
| place (f) | medān (m) | ميدان |
| avenue (f) | ʃāreʿ (m) | شارع |
| rue (f) | ʃāreʿ (m) | شارع |
| ruelle (f) | zoʾāʾ (m) | زقاق |
| impasse (f) | ṭarīʾ masdūd (m) | طريق مسدود |
| maison (f) | beyt (m) | بيت |
| édifice (m) | mabna (m) | مبنى |
| gratte-ciel (m) | nāṭeḥet sahāb (f) | ناطحة سحاب |
| façade (f) | waɣa (f) | واجهة |
| toit (m) | saʾf (m) | سقف |
| fenêtre (f) | ʃebbāk (m) | شبّاك |

| | | |
|---|---|---|
| arc (m) | qose (m) | قوس |
| colonne (f) | ʿamūd (m) | عمود |
| coin (m) | zawya (f) | زاوية |
| vitrine (f) | vatrīna (f) | فترينة |
| enseigne (f) | yafṭa, lāfeta (f) | لافتة, يافطة |
| affiche (f) | boster (m) | بوستر |
| affiche (f) publicitaire | boster eʿlān (m) | بوستر إعلان |
| panneau-réclame (m) | lawḥet eʿlanāt (f) | لوحة إعلانات |
| ordures (f pl) | zebāla (f) | زبالة |
| poubelle (f) | ṣandūʾ zebāla (m) | صندوق زبالة |
| jeter à terre | rama zebāla | رمى زبالة |
| décharge (f) | mazbala (f) | مزبلة |
| cabine (f) téléphonique | koʃk telefōn (m) | كشك تليفون |
| réverbère (m) | ʿamūd nūr (m) | عمود نور |
| banc (m) | korsy (m) | كرسي |
| policier (m) | ʃorṭy (m) | شرطي |
| police (f) | ʃorṭa (f) | شرطة |
| clochard (m) | ʃaḥḥāt (m) | شحّات |
| sans-abri (m) | motaʃarred (m) | متشرّد |

## 29. Les institutions urbaines

| | | |
|---|---|---|
| magasin (m) | maḥal (m) | محل |
| pharmacie (f) | ṣaydaliya (f) | صيدليّة |
| opticien (m) | maḥal naḍḍārāt (m) | محل نضّارات |
| centre (m) commercial | mole (m) | مول |
| supermarché (m) | subermarket (m) | سوبرماركت |
| boulangerie (f) | maχbaz (m) | مخبز |
| boulanger (m) | χabbāz (m) | خبّاز |
| pâtisserie (f) | ḥalawāny (m) | حلواني |
| épicerie (f) | baʾʾāla (f) | بقّالة |
| boucherie (f) | gezāra (f) | جزارة |
| magasin (m) de légumes | dokkān χoḍār (m) | دكّان خضار |
| marché (m) | sūʾ (f) | سوق |
| salon (m) de café | ʾahwa (f), kaféih (m) | قهوة, كافيه |
| restaurant (m) | maṭʿam (m) | مطعم |
| brasserie (f) | bār (m) | بار |
| pizzeria (f) | maḥal pizza (m) | محل بيتزا |
| salon (m) de coiffure | ṣalone ḥelāʾa (m) | صالون حلاقة |
| poste (f) | maktab el barīd (m) | مكتب البريد |
| pressing (m) | dray klīn (m) | دراي كلين |
| atelier (m) de photo | estudio taṣwīr (m) | إستوديو تصوير |

| | | |
|---|---|---|
| magasin (m) de chaussures | maḥal gezam (m) | محل جزم |
| librairie (f) | maḥal kotob (m) | محل كتب |
| magasin (m) d'articles de sport | maḥal mostalzamāt reyaḍiya (m) | محل مستلزمات رياضية |
| atelier (m) de retouche | maḥal χeyāṭet malābes (m) | محل خياطة ملابس |
| location (f) de vêtements | taʾgīr malābes rasmiya (m) | تأجير ملابس رسمية |
| location (f) de films | maḥal taʾgīr video (m) | محل تأجير فيديو |
| cirque (m) | serk (m) | سيرك |
| zoo (m) | ḥadīqet el ḥayawān (f) | حديقة حيوان |
| cinéma (m) | sinema (f) | سينما |
| musée (m) | mat-ḥaf (m) | متحف |
| bibliothèque (f) | maktaba (f) | مكتبة |
| théâtre (m) | masraḥ (m) | مسرح |
| opéra (m) | obra (f) | أوبرا |
| boîte (f) de nuit | malha leyly (m) | ملهى ليّلي |
| casino (m) | kazino (m) | كازينو |
| mosquée (f) | masged (m) | مسجد |
| synagogue (f) | kenīs (m) | كنيس |
| cathédrale (f) | katedraʾiya (f) | كاتدرائية |
| temple (m) | maʿbad (m) | معبد |
| église (f) | kenīsa (f) | كنيسة |
| institut (m) | kolliya (m) | كليّة |
| université (f) | gamʿa (f) | جامعة |
| école (f) | madrasa (f) | مدرسة |
| préfecture (f) | moqaṭʿa (f) | مقاطعة |
| mairie (f) | baladiya (f) | بلديّة |
| hôtel (m) | fondoʾ (m) | فندق |
| banque (f) | bank (m) | بنك |
| ambassade (f) | safāra (f) | سفارة |
| agence (f) de voyages | ʃerket seyāḥa (f) | شركة سياحة |
| bureau (m) d'information | maktab el esteʿlāmāt (m) | مكتب الإستعلامات |
| bureau (m) de change | ṣarrāfa (f) | صرّافة |
| métro (m) | metro (m) | مترو |
| hôpital (m) | mostaʃfa (m) | مستشفى |
| station-service (f) | maḥaṭṭet banzīn (f) | محطّة بنزين |
| parking (m) | mawʾef el ʿarabeyāt (m) | موقف العربيات |

## 30. Les enseignes. Les panneaux

| | | |
|---|---|---|
| enseigne (f) | yafṭa, lāfeta (f) | لافتة, يافطة |
| pancarte (f) | bayān (m) | بيان |

| | | |
|---|---|---|
| poster (m) | boster (m) | بوستر |
| indicateur (m) de direction | ʻalāmet (f) | علامة إتجاه |
| flèche (f) | ʻalāmet eʃāra (f) | علامة إشارة |
| | | |
| avertissement (m) | taḥzīr (m) | تحذير |
| panneau d'avertissement | lāfetat taḥzīr (f) | لافتة تحذير |
| avertir (vt) | ḥazzar | حذّر |
| | | |
| jour (m) de repos | yome ʻoṭla (m) | يوم عطلة |
| horaire (m) | gadwal (m) | جدوّل |
| heures (f pl) d'ouverture | awʾāt el ʻamal (pl) | أوقات العمل |
| | | |
| BIENVENUE! | ahlan w sahlan! | أهلاً وسهلا! |
| ENTRÉE | doχūl | دخول |
| SORTIE | χorūg | خروج |
| | | |
| POUSSER | edfaʻ | إدفع |
| TIRER | es-ḥab | إسحب |
| OUVERT | maftūḥ | مفتوح |
| FERMÉ | moɣlaq | مغلق |
| | | |
| FEMMES | lel sayedāt | للسيدات |
| HOMMES | lel regāl | للرجال |
| RABAIS | χoṣomāt | خصومات |
| SOLDES | taχfeḍāt | تخفيضات |
| NOUVEAU! | gedīd! | جديد! |
| GRATUIT | maggānan | مجّاناً |
| | | |
| ATTENTION! | entebāh! | إنتباه! |
| COMPLET | koll el amāken maḥgūza | كلّ الأماكن محجوزة |
| RÉSERVÉ | maḥgūz | محجوز |
| | | |
| ADMINISTRATION | edāra | إدارة |
| RÉSERVÉ AU PERSONNEL | lel ʻamelīn faqaṭ | للعاملين فقط |
| | | |
| ATTENTION CHIEN MÉCHANT | eḥzar wogūd kalb | إحذر وجود الكلب |
| DÉFENSE DE FUMER | mamnūʻ el tadχīn | ممنوع التدخين |
| PRIÈRE DE NE PAS TOUCHER | ʻadam el lams | عدم اللمس |
| | | |
| DANGEREUX | χaṭīr | خطير |
| DANGER | χaṭar | خطر |
| HAUTE TENSION | tayār ʻāly | تيّار عالي |
| BAIGNADE INTERDITE | el sebāḥa mamnūʻa | السباحة ممنوعة |
| HORS SERVICE | moʻaṭṭal | معطّل |
| | | |
| INFLAMMABLE | sareeʻ el eʃteʻāl | سريع الإشتعال |
| INTERDIT | mamnūʻ | ممنوع |
| PASSAGE INTERDIT | mamnūʻ el morūr | ممنوع المرور |
| PEINTURE FRAÎCHE | eḥzar ṭelāʾ ɣayr gāf | احذر طلاء غير جاف |

## 31. Le shopping

| | | |
|---|---|---|
| acheter (vt) | eʃtara | إشترى |
| achat (m) | ḥāga (f) | حاجة |
| faire des achats | eʃtara | إشترى |
| shopping (m) | ʃobbing (m) | شوبينج |
| être ouvert | maftūḥ | مفتوح |
| être fermé | moɣlaq | مغلق |
| chaussures (f pl) | gezam (pl) | جزم |
| vêtement (m) | malābes (pl) | ملابس |
| produits (m pl) de beauté | mawād tagmīl (pl) | مواد تجميل |
| produits (m pl) alimentaires | akl (m) | أكل |
| cadeau (m) | hediya (f) | هديّة |
| vendeur (m) | bayā' (m) | بيّاع |
| vendeuse (f) | bayā'a (f) | بيّاعة |
| caisse (f) | ṣandū' el daf' (m) | صندوق الدفع |
| miroir (m) | merāya (f) | مراية |
| comptoir (m) | manḍada (f) | منضدة |
| cabine (f) d'essayage | ɣorfet el 'eyās (f) | غرفة القياس |
| essayer (robe, etc.) | garrab | جرّب |
| aller bien (robe, etc.) | nāseb | ناسب |
| plaire (être apprécié) | 'agab | عجب |
| prix (m) | se'r (m) | سعر |
| étiquette (f) de prix | tiket el se'r (m) | تيكت السعر |
| coûter (vt) | kallef | كلّف |
| Combien? | bekām? | بكام؟ |
| rabais (m) | χaṣm (m) | خصم |
| pas cher (adj) | meʃ ɣāly | مش غالي |
| bon marché (adj) | reχīṣ | رخيص |
| cher (adj) | ɣāly | غالي |
| C'est cher | da ɣāly | ده غالي |
| location (f) | este'gār (m) | إستئجار |
| louer (une voiture, etc.) | est'gar | إستأجر |
| crédit (m) | e'temān (m) | إئتمان |
| à crédit (adv) | bel ta'seeṭ | بالتقسيط |

# LES VÊTEMENTS & LES ACCESSOIRES

T&P Books Publishing

## 32. Les vêtements d'extérieur

| | | |
|---|---|---|
| vêtement (m) | malābes (pl) | ملابس |
| survêtement (m) | malābes fo'aniya (pl) | ملابس فوقانيّة |
| vêtement (m) d'hiver | malābes ʃetwiya (pl) | ملابس شتويّة |
| manteau (m) | balṭo (m) | بالطو |
| manteau (m) de fourrure | balṭo farww (m) | بالطو فروّ |
| veste (f) de fourrure | ʒaket farww (m) | جاكيت فروّ |
| manteau (m) de duvet | balṭo maḥʃy rīʃ (m) | بالطو محشي ريش |
| veste (f) (~ en cuir) | ʒæket (m) | جاكيت |
| imperméable (m) | ʒæket lel maṭar (m) | جاكيت للمطر |
| imperméable (adj) | wāqy men el maya | واقي من الميّة |

## 33. Les vêtements

| | | |
|---|---|---|
| chemise (f) | 'amīṣ (m) | قميص |
| pantalon (m) | banṭalone (f) | بنطلون |
| jean (m) | ʒeans (m) | جينز |
| veston (m) | ʒæket (f) | جاكت |
| complet (m) | badla (f) | بدلة |
| robe (f) | fostān (m) | فستان |
| jupe (f) | ʒība (f) | جيبة |
| chemisette (f) | bloza (f) | بلوزة |
| veste (f) en laine | kardigan (m) | كارديجن |
| jaquette (f), blazer (m) | ʒæket (m) | جاكيت |
| tee-shirt (m) | ti ʃirt (m) | تي شيرت |
| short (m) | ʃort (m) | شورت |
| costume (m) de sport | treneng (m) | ترينِنج |
| peignoir (m) de bain | robe el ḥammām (m) | روب حمّام |
| pyjama (m) | beʒāma (f) | بيجاما |
| chandail (m) | blover (f) | بلوفر |
| pull-over (m) | blover (m) | بلوفر |
| gilet (m) | vest (m) | فيست |
| queue-de-pie (f) | badlet sahra ṭawīla (f) | بدلة سهرة طويلة |
| smoking (m) | badla (f) | بدلة |
| uniforme (m) | zayī muwaḥḥad (m) | زيّ موحّد |
| tenue (f) de travail | lebs el ʃoɣl (m) | لبس الشغل |

| | | |
|---|---|---|
| salopette (f) | overall (m) | اوفر اول |
| blouse (f) (d'un médecin) | balṭo (m) | بالطو |

## 34. Les sous-vêtements

| | | |
|---|---|---|
| sous-vêtements (m pl) | malābes dāχeliya (pl) | ملابس داخلية |
| boxer (m) | sirwāl dāχly rigāly (m) | سروال داخلي رجاليّ |
| slip (m) de femme | sirwāl dāχly nisā'y (m) | سروال داخلي نسائيّ |
| maillot (m) de corps | fanella (f) | فانلّا |
| chaussettes (f pl) | ʃarāb (m) | شراب |
| chemise (f) de nuit | 'amīṣ nome (m) | قميص نوم |
| soutien-gorge (m) | setyāna (f) | ستيانة |
| chaussettes (f pl) hautes | ʃarabāt ṭawīla (pl) | شرابات طويلة |
| collants (m pl) | klone (m) | كلون |
| bas (m pl) | gawāreb (pl) | جوارب |
| maillot (m) de bain | mayo (m) | مايّوه |

## 35. Les chapeaux

| | | |
|---|---|---|
| chapeau (m) | ṭa'iya (f) | طاقيّة |
| chapeau (m) feutre | borneyṭa (f) | برنيطة |
| casquette (f) de base-ball | base bāl kāb (m) | بيس بول كاب |
| casquette (f) | ṭa'iya mosaṭṭaḥa (f) | طاقيّة مسطحة |
| béret (m) | bereyh (m) | بيريه |
| capuche (f) | ɣaṭa' (f) | غطاء |
| panama (m) | qobba'et banama (f) | قبّعة بناما |
| bonnet (m) de laine | ays kāb (m) | آيس كاب |
| foulard (m) | eʃarb (m) | إيشارب |
| chapeau (m) de femme | borneyṭa (f) | برنيطة |
| casque (m) (d'ouvriers) | χawza (f) | خوذة |
| calot (m) | kāb (m) | كاب |
| casque (m) (~ de moto) | χawza (f) | خوذة |
| melon (m) | qobba'a (f) | قبّعة |
| haut-de-forme (m) | qobba'a rasmiya (f) | قبّعة رسمية |

## 36. Les chaussures

| | | |
|---|---|---|
| chaussures (f pl) | gezam (pl) | جزم |
| bottines (f pl) | gazma (f) | جزمة |
| souliers (m pl) (~ plats) | gazma (f) | جزمة |
| bottes (f pl) | būt (m) | بوت |

| | | |
|---|---|---|
| chaussons (m pl) | ʃebʃeb (m) | شبشب |
| tennis (m pl) | kotʃy tennis (m) | كوتشي تنس |
| baskets (f pl) | kotʃy (m) | كوتشي |
| sandales (f pl) | ṣandal (pl) | صندل |
| cordonnier (m) | eskāfy (m) | إسكافي |
| talon (m) | ka'b (m) | كعب |
| paire (f) | goze (m) | جوز |
| lacet (m) | ʃerī't (m) | شريط |
| lacer (vt) | rabaṭ | ربط |
| chausse-pied (m) | labbāsa el gazma (f) | لبّاسة الجزمة |
| cirage (m) | warnīʃ el gazma (m) | ورنيش الجزمة |

## 37. Les accessoires personnels

| | | |
|---|---|---|
| gants (m pl) | gwanty (m) | جوانتي |
| moufles (f pl) | gwanty men ɣeyr aṣābe' (m) | جوانتي من غير أصابع |
| écharpe (f) | skarf (m) | سكارف |
| lunettes (f pl) | naḍḍāra (f) | نظّارة |
| monture (f) | eṭār (m) | إطار |
| parapluie (m) | ʃamsiya (f) | شمسيّة |
| canne (f) | 'aṣāya (f) | عصاية |
| brosse (f) à cheveux | forʃet ʃa'r (f) | فرشة شعر |
| éventail (m) | marwaḥa (f) | مروّحة |
| cravate (f) | karavetta (f) | كرافتة |
| nœud papillon (m) | bebyona (m) | بيبيونة |
| bretelles (f pl) | ḥammala (f) | حمّالة |
| mouchoir (m) | mandīl (m) | منديل |
| peigne (m) | meʃṭ (m) | مشط |
| barrette (f) | dabbūs (m) | دبّوس |
| épingle (f) à cheveux | bensa (m) | بنسة |
| boucle (f) | bokla (f) | بكلة |
| ceinture (f) | ḥezām (m) | حزام |
| bandoulière (f) | ḥammalet el ketf (f) | حمّالة الكتف |
| sac (m) | ʃanṭa (f) | شنطة |
| sac (m) à main | ʃanṭet yad (f) | شنطة يد |
| sac (m) à dos | ʃanṭet ḍahr (f) | شنطة ظهر |

## 38. Les vêtements. Divers

| | | |
|---|---|---|
| mode (f) | mūḍa (f) | موضة |
| à la mode (adj) | fel moḍa | في الموضة |

| | | |
|---|---|---|
| couturier, créateur de mode | moṣammem azyā' (m) | مصمّم أزياء |
| col (m) | yā'a (f) | ياقة |
| poche (f) | geyb (m) | جيب |
| de poche (adj) | geyb | جيب |
| manche (f) | komm (m) | كمّ |
| bride (f) | 'elāqa (f) | علّاقة |
| braguette (f) | lesān (m) | لسان |
| fermeture (f) à glissière | sosta (f) | سوستة |
| agrafe (f) | maʃbak (m) | مشبك |
| bouton (m) | zerr (m) | زرّ |
| boutonnière (f) | 'arwa (f) | عروة |
| s'arracher (bouton) | we'e' | وقع |
| coudre (vi, vt) | χayaṭ | خيّط |
| broder (vt) | ṭarraz | طرّز |
| broderie (f) | taṭrīz (m) | تطريز |
| aiguille (f) | ebra (f) | إبرة |
| fil (m) | χeyṭ (m) | خيط |
| couture (f) | derz (m) | درز |
| se salir (vp) | ettwassaχ | إتّوسّخ |
| tache (f) | bo''a (f) | بقعة |
| se froisser (vp) | takarmaʃ | تكرمش |
| déchirer (vt) | 'aṭa' | قطع |
| mite (f) | 'etta (f) | عثّة |

## 39. L'hygiène corporelle. Les cosmétiques

| | | |
|---|---|---|
| dentifrice (m) | ma'gūn asnān (m) | معجون أسنان |
| brosse (f) à dents | forʃet senān (f) | فرشة أسنان |
| se brosser les dents | naḍḍaf el asnān | نظّف الأسنان |
| rasoir (m) | mūs (m) | موس |
| crème (f) à raser | krīm ḥelā'a (m) | كريم حلاقة |
| se raser (vp) | ḥala' | حلق |
| savon (m) | ṣabūn (m) | صابون |
| shampooing (m) | ʃambū (m) | شامبو |
| ciseaux (m pl) | ma'aṣ (m) | مقص |
| lime (f) à ongles | mabrad (m) | مبرد |
| pinces (f pl) à ongles | mel'aṭ (m) | ملقط |
| pince (f) à épiler | mel'aṭ (m) | ملقط |
| produits (m pl) de beauté | mawād tagmīl (pl) | مواد تجميل |
| masque (m) de beauté | mask (m) | ماسك |
| manucure (f) | monekīr (m) | مونيكير |
| se faire les ongles | 'amal monikīr | عمل مونيكير |

| | | |
|---|---|---|
| pédicurie (f) | badikīr (m) | باديكير |
| trousse (f) de toilette | ʃanṭet mekyāʒ (f) | شنطة مكياج |
| poudre (f) | bodret weʃ (f) | بودرة وش |
| poudrier (m) | ʿelbet bodra (f) | علبة بودرة |
| fard (m) à joues | aḥmar χodūd (m) | أحمر خدود |
| parfum (m) | barfān (m) | بارفان |
| eau (f) de toilette | kolonya (f) | كولونيا |
| lotion (f) | loʃion (m) | لوشن |
| eau de Cologne (f) | kolonya (f) | كولونيا |
| fard (m) à paupières | eyeʃadow (m) | ايّ شادو |
| crayon (m) à paupières | koḥl (m) | كحل |
| mascara (m) | maskara (f) | ماسكارا |
| rouge (m) à lèvres | rūʒ (m) | روج |
| vernis (m) à ongles | monekīr (m) | مونيكير |
| laque (f) pour les cheveux | mosabbet el ʃaʿr (m) | مثبّت الشعر |
| déodorant (m) | mozīl ʿaraʾ (m) | مزيل عرق |
| crème (f) | krīm (m) | كريم |
| crème (f) pour le visage | krīm lel weʃ (m) | كريم للوش |
| crème (f) pour les mains | krīm eyd (m) | كريم أيد |
| crème (f) anti-rides | krīm moḍād lel tagaʿīd (m) | كريم مضاد للتجاعيد |
| crème (f) de jour | krīm en nahār (m) | كريم النهار |
| crème (f) de nuit | krīm el leyl (m) | كريم الليل |
| de jour (adj) | nahāry | نهاري |
| de nuit (adj) | layly | ليّلي |
| tampon (m) | tambon (m) | تانبون |
| papier (m) de toilette | waraʾ twalet (m) | ورق تواليت |
| sèche-cheveux (m) | seʃwār (m) | سشوار |

## 40. Les montres. Les horloges

| | | |
|---|---|---|
| montre (f) | sāʿa (f) | ساعة |
| cadran (m) | wag-h el sāʿa (m) | وجه الساعة |
| aiguille (f) | ʿaʾrab el sāʿa (m) | عقرب الساعة |
| bracelet (m) | ʃerīʾṭ sāʿa maʿdaniya (m) | شريط ساعة معدنية |
| bracelet (m) (en cuir) | ʃerīʾṭ el sāʿa (m) | شريط الساعة |
| pile (f) | baṭṭariya (f) | بطّاريّة |
| être déchargé | χelṣet | خلصت |
| changer de pile | ɣayar el baṭṭariya | غيّر البطّاريّة |
| avancer (vi) | sabaʾ | سبق |
| retarder (vi) | taʾakχar | تأخّر |
| pendule (f) | sāʿet ḥeyṭa (f) | ساعة حيطة |
| sablier (m) | sāʿa ramliya (f) | ساعة رمليّة |
| cadran (m) solaire | sāʿa ʃamsiya (f) | ساعة شمسيّة |

| | | |
|---|---|---|
| réveil (m) | monabbeh (m) | منبّه |
| horloger (m) | sa'āty (m) | ساعاتي |
| réparer (vt) | ṣallaḥ | صلّح |

# L'EXPÉRIENCE QUOTIDIENNE

T&P Books Publishing

## 41. L'argent

| | | |
|---|---|---|
| argent (m) | folūs (pl) | فلوس |
| échange (m) | taḥwīl ʿomla (m) | تحويل عملة |
| cours (m) de change | seʿr el ṣarf (m) | سعر الصرف |
| distributeur (m) | makinet ṣarrāf ʾāly (f) | ماكينة صرّاف آلي |
| monnaie (f) | ʾerʃ (m) | قرش |
| dollar (m) | dolār (m) | دولار |
| euro (m) | yoro (m) | يورو |
| lire (f) | lira (f) | ليرة |
| mark (m) allemand | el mark el almāny (m) | المارك الألماني |
| franc (m) | frank (m) | فرنك |
| livre sterling (f) | geneyh esterlīny (m) | جنيه استرليني |
| yen (m) | yen (m) | ين |
| dette (f) | deyn (m) | دين |
| débiteur (m) | modīn (m) | مدين |
| prêter (vt) | sallef | سلّف |
| emprunter (vt) | estalaf | إستلف |
| banque (f) | bank (m) | بنك |
| compte (m) | ḥesāb (m) | حساب |
| verser (dans le compte) | awdaʿ | أودع |
| verser dans le compte | awdaʿ fel ḥesāb | أودَع في الحساب |
| retirer du compte | saḥab men el ḥesāb | سحب من الحساب |
| carte (f) de crédit | kredit kard (f) | كريدت كارد |
| espèces (f pl) | kæʃ (m) | كاش |
| chèque (m) | ʃīk (m) | شيك |
| faire un chèque | katab ʃīk | كتب شيك |
| chéquier (m) | daftar ʃikāt (m) | دفتر شيكات |
| portefeuille (m) | maḥfaẓa (f) | محفظة |
| bourse (f) | maḥfazet fakka (f) | محفظة فكّة |
| coffre fort (m) | χazzāna (f) | خزّانة |
| héritier (m) | wāres (m) | وارث |
| héritage (m) | werāsa (f) | وراثة |
| fortune (f) | sarwa (f) | ثروَة |
| location (f) | ʿaʾd el egār (m) | عقد الإيجار |
| loyer (m) (argent) | ogret el sakan (f) | أجرة السكن |
| louer (prendre en location) | estʾgar | إستأجر |
| prix (m) | seʿr (m) | سعر |

| | | |
|---|---|---|
| coût (m) | taman (m) | ثمن |
| somme (f) | mablaɣ (m) | مبلغ |
| | | |
| dépenser (vt) | ṣaraf | صرف |
| dépenses (f pl) | maṣarīf (pl) | مصاريف |
| économiser (vt) | waffar | وفّر |
| économe (adj) | mowaffer | موَفر |
| | | |
| payer (régler) | dafa' | دفع |
| paiement (m) | daf' (m) | دفع |
| monnaie (f) (rendre la ~) | el bā'y (m) | الباقي |
| | | |
| impôt (m) | ḍarība (f) | ضريبة |
| amende (f) | ɣarāma (f) | غرامة |
| mettre une amende | faraḍ ɣarāma | فرض غرامة |

## 42. La poste. Les services postaux

| | | |
|---|---|---|
| poste (f) | maktab el barīd (m) | مكتب البريد |
| courrier (m) (lettres, etc.) | el barīd (m) | البريد |
| facteur (m) | sā'y el barīd (m) | ساعي البريد |
| heures (f pl) d'ouverture | aw'āt el 'amal (pl) | أوقات العمل |
| | | |
| lettre (f) | resāla (f) | رسالة |
| recommandé (m) | resāla mosaggala (f) | رسالة مسجّلة |
| carte (f) postale | kart barīdy (m) | كرت بريدي |
| télégramme (m) | barqiya (f) | برقيّة |
| colis (m) | ṭard (m) | طرد |
| mandat (m) postal | ḥewāla māliya (f) | حوالة مالية |
| | | |
| recevoir (vt) | estalam | إستلم |
| envoyer (vt) | arsal | أرسل |
| envoi (m) | ersāl (m) | إرسال |
| adresse (f) | 'enwān (m) | عنوان |
| code (m) postal | raqam el barīd (m) | رقم البريد |
| expéditeur (m) | morsel (m) | مرسل |
| destinataire (m) | morsel elayh (m) | مرسل إليه |
| | | |
| prénom (m) | esm (m) | اسم |
| nom (m) de famille | esm el 'a'ela (m) | اسم العائلة |
| | | |
| tarif (m) | ta'rīfa (f) | تعريفة |
| normal (adj) | 'ādy | عادي |
| économique (adj) | mowaffer | موّفر |
| | | |
| poids (m) | wazn (m) | وزن |
| peser (~ les lettres) | wazan | وزن |
| enveloppe (f) | ẓarf (m) | ظرف |
| timbre (m) | ṭābe' (m) | طابع |
| timbrer (vt) | alṣaq ṭābe' | ألصق طابع |

## 43. Les opérations bancaires

| | | |
|---|---|---|
| banque (f) | bank (m) | بنك |
| agence (f) bancaire | farʿ (m) | فرع |
| conseiller (m) | mowazzaf bank (m) | موظّف بنك |
| gérant (m) | modīr (m) | مدير |
| compte (m) | ḥesāb bank (m) | حساب بنك |
| numéro (m) du compte | raqam el ḥesāb (m) | رقم الحساب |
| compte (m) courant | ḥesāb gāry (m) | حساب جاري |
| compte (m) sur livret | ḥesāb tawfīr (m) | حساب توّفير |
| ouvrir un compte | fataḥ ḥesāb | فتح حساب |
| clôturer le compte | ʾafal ḥesāb | قفل حساب |
| verser dans le compte | awdaʿ fel ḥesāb | أودع في الحساب |
| retirer du compte | saḥab men el ḥesāb | سحب من الحساب |
| dépôt (m) | wadeeʿa (f) | وديعة |
| faire un dépôt | awdaʿ | أودع |
| virement (m) bancaire | ḥewāla maṣrefiya (f) | حوالة مصرفيّة |
| faire un transfert | ḥawwel | حوّل |
| somme (f) | mablaɣ (m) | مبلغ |
| Combien? | kām? | كام؟ |
| signature (f) | tawqeeʿ (m) | توقيع |
| signer (vt) | waqqaʿ | وقّع |
| carte (f) de crédit | kredit kard (f) | كريدت كارد |
| code (m) | kōd (m) | كود |
| numéro (m) de carte de crédit | raqam el kredit kard (m) | رقم الكريدت كارد |
| distributeur (m) | makinet ṣarrāf ʾāly (f) | ماكينة صرّاف آلي |
| chèque (m) | ʃīk (m) | شيك |
| faire un chèque | katab ʃīk | كتب شيك |
| chéquier (m) | daftar ʃikāt (m) | دفتر شيكات |
| crédit (m) | qarḍ (m) | قرض |
| demander un crédit | ʾaddem ṭalab ʿala qarḍ | قدّم طلب على قرض |
| prendre un crédit | ḥaṣal ʿala qarḍ | حصل على قرض |
| accorder un crédit | edda qarḍ | ادّى قرض |
| gage (m) | ḍamān (m) | ضمان |

## 44. Le téléphone. La conversation téléphonique

| | | |
|---|---|---|
| téléphone (m) | telefon (m) | تليفون |
| portable (m) | mobile (m) | موبايل |

| | | |
|---|---|---|
| répondeur (m) | gehāz radd ʿalal mokalmāt (m) | جهاز ردّ على المكالمات |
| téléphoner, appeler | ettaṣal | إتّصل |
| appel (m) | mokalma telefoniya (f) | مكالمة تليفونية |
| composer le numéro | ettaṣal be raqam | إتّصل برقم |
| Allô! | alo! | ألو! |
| demander (~ l'heure) | saʾal | سأل |
| répondre (vi, vt) | radd | ردّ |
| entendre (bruit, etc.) | semeʿ | سمع |
| bien (adv) | kewayes | كويّس |
| mal (adv) | meʃ kowayīs | مش كويّس |
| bruits (m pl) | taʃwīʃ (m) | تشويش |
| récepteur (m) | sammāʿa (f) | سمّاعة |
| décrocher (vt) | rafaʿ el sammāʿa | رفع السمّاعة |
| raccrocher (vi) | ʾafal el sammāʿa | قفل السمّاعة |
| occupé (adj) | maʃɣūl | مشغول |
| sonner (vi) | rann | رنّ |
| carnet (m) de téléphone | dalīl el telefone (m) | دليل التليفون |
| local (adj) | maḥalliyya | ة محلّيّ |
| appel (m) local | mokalma maḥalliya (f) | مكالمة محلّيّة |
| interurbain (adj) | biʿīd | بعيد |
| appel (m) interurbain | mokalma biʿīda (f) | مكالمة بعيدة المدى |
| international (adj) | dowly | دوّلي |
| appel (m) international | mokalma dowliya (f) | مكالمة دوليّة |

## 45. Le téléphone portable

| | | |
|---|---|---|
| portable (m) | mobile (m) | موبايل |
| écran (m) | ʿarḍ (m) | عرض |
| bouton (m) | zerr (m) | زرّ |
| carte SIM (f) | sim kard (m) | سيم كارد |
| pile (f) | baṭṭariya (f) | بطّاريّة |
| être déchargé | χelṣet | خلصت |
| chargeur (m) | ʃāḥen (m) | شاحن |
| menu (m) | qāʾema (f) | قائمة |
| réglages (m pl) | awḍāʿ (pl) | أوضاع |
| mélodie (f) | naɣama (f) | نغمة |
| sélectionner (vt) | eχtār | إختار |
| calculatrice (f) | ʾāla ḥasba (f) | آلة حاسبة |
| répondeur (m) | barīd ṣawty (m) | بريد صوتي |
| réveil (m) | monabbeh (m) | منبّه |
| contacts (m pl) | gehāt el etteṣāl (pl) | جهات الإتّصال |

| | | |
|---|---|---|
| SMS (m) | resāla 'aṣīra ɛsɛmɛs (f) | رسالة قصيرة **sms** |
| abonné (m) | moʃtarek (m) | مشترك |

## 46. La papeterie

| | | |
|---|---|---|
| stylo (m) à bille | 'alam gāf (m) | قلم جاف |
| stylo (m) à plume | 'alam rīʃa (m) | قلم ريشة |
| crayon (m) | 'alam roṣāṣ (m) | قلم رصاص |
| marqueur (m) | markar (m) | ماركر |
| feutre (m) | 'alam fulumaster (m) | قلم فلوماستر |
| bloc-notes (m) | mozakkera (f) | مذكّرة |
| agenda (m) | gadwal el a'māl (m) | جدول الأعمال |
| règle (f) | masṭara (f) | مسطرة |
| calculatrice (f) | 'āla ḥasba (f) | آلة حاسبة |
| gomme (f) | astīka (f) | استيكة |
| punaise (f) | dabbūs (m) | دبّوس |
| trombone (m) | dabbūs wara' (m) | دبّوس ورق |
| colle (f) | ṣamɣ (m) | صمغ |
| agrafeuse (f) | dabbāsa (f) | دبّاسة |
| perforateur (m) | χarrāma (m) | خرّامة |
| taille-crayon (m) | barrāya (f) | برّاية |

## 47. Les langues étrangères

| | | |
|---|---|---|
| langue (f) | loɣa (f) | لغة |
| étranger (adj) | agnaby | أجنبيّ |
| langue (f) étrangère | loɣa agnabiya (f) | لغة أجنبية |
| étudier (vt) | daras | درس |
| apprendre (~ l'arabe) | ta'allam | تعلّم |
| lire (vi, vt) | 'ara | قرأ |
| parler (vi, vt) | kallem | كلّم |
| comprendre (vt) | fehem | فهم |
| écrire (vt) | katab | كتب |
| vite (adv) | bosor'a | بسرعة |
| lentement (adv) | bo boṭ' | ببطء |
| couramment (adv) | beṭalāqa | بطلاقة |
| règles (f pl) | qawā'ed (pl) | قواعد |
| grammaire (f) | el naḥw wel ṣarf (m) | النحو والصرف |
| vocabulaire (m) | mofradāt el loɣa (pl) | مفردات اللغة |
| phonétique (f) | ṣawtīāt (pl) | صوتيات |
| manuel (m) | ketāb ta'līm (m) | كتاب تعليم |

| | | |
|---|---|---|
| dictionnaire (m) | qamūs (m) | قاموس |
| manuel (m) autodidacte | ketāb ta'līm zāty (m) | كتاب تعليم ذاتي |
| guide (m) de conversation | ketāb lel 'ebarāt el ʃā'e'a (m) | كتاب للعبارت الشائعة |
| cassette (f) | kasett (m) | كاسيت |
| cassette (f) vidéo | ʃerī'ṭ video (m) | شريط فيديو |
| CD (m) | sidī (m) | سي دي |
| DVD (m) | dividī (m) | دي في دي |
| alphabet (m) | abgadiya (f) | أبجدية |
| épeler (vt) | tahagga | تهجّى |
| prononciation (f) | noṭ' (m) | نطق |
| accent (m) | lahga (f) | لهجة |
| avec un accent | be lahga | بـ لهجة |
| sans accent | men ɣeyr lahga | من غير لهجة |
| mot (m) | kelma (f) | كلمة |
| sens (m) | ma'na (m) | معنى |
| cours (m pl) | dawra (f) | دورة |
| s'inscrire (vp) | saggel esmo | سجّل إسمه |
| professeur (m) (~ d'anglais) | modarres (m) | مدرّس |
| traduction (f) (action) | targama (f) | ترجمة |
| traduction (f) (texte) | targama (f) | ترجمة |
| traducteur (m) | motargem (m) | مترجم |
| interprète (m) | motargem fawwry (m) | مترجم فوّري |
| polyglotte (m) | 'alīm be'eddet loɣāt (m) | عليم بعدّة لغات |
| mémoire (f) | zākera (f) | ذاكرة |

# LES REPAS. LE RESTAURANT

T&P Books Publishing

## 48. Le dressage de la table

| | | |
|---|---|---|
| cuillère (f) | maʿlaʾa (f) | معلقة |
| couteau (m) | sekkīna (f) | سكّينة |
| fourchette (f) | ʃawka (f) | شوكة |
| | | |
| tasse (f) | fengān (m) | فنجان |
| assiette (f) | ṭabaʾ (m) | طبق |
| soucoupe (f) | ṭabaʾ fengān (m) | طبق فنجان |
| serviette (f) | mandīl waraʾ (m) | منديل ورق |
| cure-dent (m) | χallet senān (f) | خلة سنان |

## 49. Le restaurant

| | | |
|---|---|---|
| restaurant (m) | maṭʿam (m) | مطعم |
| salon (m) de café | ʾahwa (f), kaféih (m) | قهوة ,كافيه |
| bar (m) | bār (m) | بار |
| salon (m) de thé | ṣalone ʃāy (m) | صالون شاي |
| | | |
| serveur (m) | garsone (m) | جرسون |
| serveuse (f) | garsona (f) | جرسونة |
| barman (m) | bārman (m) | بارمان |
| carte (f) | qāʾemet el ṭaʿām (f) | قائمة طعام |
| carte (f) des vins | qāʾemet el χomūr (f) | قائمة خمور |
| réserver une table | ḥagaz sofra | حجز سفرة |
| plat (m) | wagba (f) | وجبة |
| commander (vt) | ṭalab | طلب |
| faire la commande | ṭalab | طلب |
| | | |
| apéritif (m) | ʃarāb (m) | شراب |
| hors-d'œuvre (m) | moqabbelāt (pl) | مقبّلات |
| dessert (m) | ḥalawīāt (pl) | حلويّات |
| | | |
| addition (f) | ḥesāb (m) | حساب |
| régler l'addition | dafaʿ el ḥesāb | دفع الحساب |
| rendre la monnaie | edda el bāʾy | ادّي الباقي |
| pourboire (m) | baʾʃīʃ (m) | بقشيش |

## 50. Les repas

| | | |
|---|---|---|
| nourriture (f) | akl (m) | أكل |
| manger (vi, vt) | akal | أكل |

| | | |
|---|---|---|
| petit déjeuner (m) | foṭūr (m) | فطور |
| prendre le petit déjeuner | feṭer | فطر |
| déjeuner (m) | ɣada' (m) | غداء |
| déjeuner (vi) | etɣadda | إتغدّى |
| dîner (m) | 'aʃā' (m) | عشاء |
| dîner (vi) | et'asʃa | إتعشّى |
| appétit (m) | ʃahiya (f) | شهيّة |
| Bon appétit! | bel hana wel ʃefa! | بالهنا والشفا! |
| ouvrir (vt) | fataḥ | فتح |
| renverser (liquide) | dala' | دلق |
| se renverser (liquide) | dala' | دلق |
| bouillir (vi) | ɣely | غلى |
| faire bouillir | ɣely | غلى |
| bouilli (l'eau ~e) | maɣly | مغلي |
| refroidir (vt) | barrad | برّد |
| se refroidir (vp) | barrad | برّد |
| goût (m) | ṭa'm (m) | طعم |
| arrière-goût (m) | ṭa'm ma ba'd el mazāq (m) | طعم ما بعد المذاق |
| suivre un régime | χass | خسّ |
| régime (m) | reʒīm (m) | رجيم |
| vitamine (f) | vitamīn (m) | فيتامين |
| calorie (f) | so'ra ḥarāriya (f) | سعرة حراريّة |
| végétarien (m) | nabāty (m) | نباتي |
| végétarien (adj) | nabāty | نباتي |
| lipides (m pl) | dohūn (pl) | دهون |
| protéines (f pl) | brotenāt (pl) | بروتينات |
| glucides (m pl) | naʃawīāt (pl) | نشويّات |
| tranche (f) | ʃarīḥa (f) | شريحة |
| morceau (m) | 'eṭ'a (f) | قطعة |
| miette (f) | fattāta (f) | فتاتة |

## 51. Les plats cuisinés

| | | |
|---|---|---|
| plat (m) | wagba (f) | وجبة |
| cuisine (f) | maṭbaχ (m) | مطبخ |
| recette (f) | waṣfa (f) | وصفة |
| portion (f) | naṣīb (m) | نصيب |
| salade (f) | solṭa (f) | سلطة |
| soupe (f) | ʃorba (f) | شوربة |
| bouillon (m) | mara'a (m) | مرقة |
| sandwich (m) | sandawitʃ (m) | ساندويتش |
| les œufs brouillés | beyḍ ma'ly (m) | بيض مقلي |

| | | |
|---|---|---|
| hamburger (m) | hamburger (m) | هامبورجر |
| steak (m) | steak laḥm (m) | ستيك لحم |
| garniture (f) | ṭaba' gāneby (m) | طبق جانبي |
| spaghettis (m pl) | spaɣetti (m) | سباجيتي |
| purée (f) | baṭāṭes mahrūsa (f) | بطاطس مهروسة |
| pizza (f) | bītza (f) | بيتزا |
| bouillie (f) | 'aṣīda (f) | عصيدة |
| omelette (f) | omlette (m) | اومليت |
| cuit à l'eau (adj) | maslū' | مسلوق |
| fumé (adj) | modakχen | مدخّن |
| frit (adj) | ma'ly | مقلي |
| sec (adj) | mogaffaf | مجفّف |
| congelé (adj) | mogammad | مجمّد |
| mariné (adj) | meχallel | مخلّل |
| sucré (adj) | mesakkar | مسكّر |
| salé (adj) | māleḥ | مالح |
| froid (adj) | bāred | بارد |
| chaud (adj) | soχn | سخن |
| amer (adj) | morr | مرّ |
| bon (savoureux) | ḥelw | حلو |
| cuire à l'eau | sala' | سلق |
| préparer (le dîner) | ḥaḍḍar | حضّر |
| faire frire | 'ala | قلي |
| réchauffer (vt) | sakχan | سخّن |
| saler (vt) | rasʃ malḥ | رشّ ملح |
| poivrer (vt) | rasʃ felfel | رشّ فلفل |
| râper (vt) | baraʃ | برش |
| peau (f) | 'eʃra (f) | قشرة |
| éplucher (vt) | 'asʃar | قشّر |

## 52. Les aliments

| | | |
|---|---|---|
| viande (f) | laḥma (f) | لحمة |
| poulet (m) | ferāχ (m) | فراخ |
| poulet (m) (poussin) | farrūg (m) | فرّوج |
| canard (m) | baṭṭa (f) | بطّة |
| oie (f) | wezza (f) | وزّة |
| gibier (m) | ṣeyd (m) | صيد |
| dinde (f) | dīk rūmy (m) | ديك رومي |
| du porc | laḥm el χanazīr (m) | لحم الخنزير |
| du veau | laḥm el 'egl (m) | لحم العجل |
| du mouton | laḥm ḍāny (m) | لحم ضاني |
| du bœuf | laḥm baqary (m) | لحم بقري |
| lapin (m) | laḥm arāneb (m) | لحم أرانب |

| | | |
|---|---|---|
| saucisson (m) | sogo" (m) | سجق |
| saucisse (f) | sogo" (m) | سجق |
| bacon (m) | bakon (m) | بيكون |
| jambon (m) | hām(m) | هام |
| cuisse (f) | faχd χanzīr (m) | فخد خنزير |
| pâté (m) | ma'gūn laḥm (m) | معجون لحم |
| foie (m) | kebda (f) | كبدة |
| farce (f) | hamburger (m) | هامبورجر |
| langue (f) | lesān (m) | لسان |
| œuf (m) | beyḍa (f) | بيضة |
| les œufs | beyḍ (m) | بيض |
| blanc (m) d'œuf | bayāḍ el beyḍ (m) | بياض البيض |
| jaune (m) d'œuf | ṣafār el beyḍ (m) | صفار البيض |
| poisson (m) | samak (m) | سمك |
| fruits (m pl) de mer | sīfūd (pl) | سي فود |
| caviar (m) | kaviar (m) | كافيار |
| crabe (m) | kaboria (m) | كابوريا |
| crevette (f) | gammbary (m) | جمبري |
| huître (f) | maḥār (m) | محار |
| langoustine (f) | estakoza (m) | استاكوزا |
| poulpe (m) | aχṭabūṭ (m) | أخطبوط |
| calamar (m) | kalmāry (m) | كالماري |
| esturgeon (m) | samak el ḥafʃ (m) | سمك الحفش |
| saumon (m) | salamon (m) | سلمون |
| flétan (m) | samak el halbūt (m) | سمك الهلبوت |
| morue (f) | samak el qadd (m) | سمك القد |
| maquereau (m) | makerel (m) | ماكريل |
| thon (m) | tuna (f) | تونة |
| anguille (f) | ḥankalīs (m) | حنكليس |
| truite (f) | salamon mera"aṭ (m) | سلمون مرقّط |
| sardine (f) | sardīn (m) | سردين |
| brochet (m) | samak el karāky (m) | سمك الكراكي |
| hareng (m) | renga (f) | رنجة |
| pain (m) | 'eyʃ (m) | عيش |
| fromage (m) | gebna (f) | جبنة |
| sucre (m) | sokkar (m) | سكّر |
| sel (m) | melḥ (m) | ملح |
| riz (m) | rozz (m) | رزّ |
| pâtes (m pl) | makaruna (f) | مكرونة |
| nouilles (f pl) | nūdles (f) | نودلز |
| beurre (m) | zebda (f) | زبدة |
| huile (f) végétale | zeyt (m) | زيت |

| | | |
|---|---|---|
| huile (f) de tournesol | zeyt ʿabbād el ʃams (m) | زيت عبّاد الشمس |
| margarine (f) | margarīn (m) | مارجرين |
| olives (f pl) | zaytūn (m) | زيتون |
| huile (f) d'olive | zeyt el zaytūn (m) | زيت الزيتون |
| lait (m) | laban (m) | لبن |
| lait (m) condensé | ḥalīb mokassaf (m) | حليب مكثّف |
| yogourt (m) | zabādy (m) | زبادي |
| crème (f) aigre | kreyma ḥamḍa (f) | كريمة حامضة |
| crème (f) (de lait) | krīma (f) | كريمة |
| sauce (f) mayonnaise | mayonnɛ:z (m) | مايونيز |
| crème (f) au beurre | krīmet zebda (f) | كريمة زبدة |
| gruau (m) | ḥobūb ʾamḥ (pl) | حبوب قمح |
| farine (f) | deʾīʾ (m) | دقيق |
| conserves (f pl) | moʿallabāt (pl) | معلّبات |
| pétales (m pl) de maïs | korn fleks (m) | كورن فليكس |
| miel (m) | ʿasal (m) | عسل |
| confiture (f) | mrabba (m) | مربّى |
| gomme (f) à mâcher | lebān (m) | لبان |

## 53. Les boissons

| | | |
|---|---|---|
| eau (f) | meyāh (f) | مياه |
| eau (f) potable | mayet ʃorb (m) | ميّة شرب |
| eau (f) minérale | maya maʿdaniya (f) | ميّة معدنية |
| plate (adj) | rakeda | راكدة |
| gazeuse (l'eau ~) | kanz | كانز |
| pétillante (adj) | kanz | كانز |
| glace (f) | talg (m) | ثلج |
| avec de la glace | bel talg | بالتلج |
| sans alcool | men ɣeyr koḥūl | من غير كحول |
| boisson (f) non alcoolisée | maʃrūb ɣāzy (m) | مشروب غازي |
| rafraîchissement (m) | ḥāga saʾʿa (f) | حاجة ساقعة |
| limonade (f) | limonāta (f) | ليموناتة |
| boissons (f pl) alcoolisées | maʃrūbāt koḥūliya (pl) | مشروبات كحولية |
| vin (m) | χamra (f) | خمرة |
| vin (m) blanc | nebīz abyaḍ (m) | نبيذ أبيض |
| vin (m) rouge | nebī aḥmar (m) | نبيذ أحمر |
| liqueur (f) | liqure (m) | ليكيور |
| champagne (m) | ʃambania (f) | شمبانيا |
| vermouth (m) | vermote (m) | فيرموت |
| whisky (m) | wiski (m) | ويسكي |

| | | |
|---|---|---|
| vodka (f) | vodka (f) | فودكا |
| gin (m) | ʒin (m) | جين |
| cognac (m) | konyāk (m) | كونياك |
| rhum (m) | rum (m) | رم |
| café (m) | ʾahwa (f) | قهوة |
| café (m) noir | ʾahwa sāda (f) | قهوة سادة |
| café (m) au lait | ʾahwa bel ḥalīb (f) | قهوة بالحليب |
| cappuccino (m) | kaputʃino (m) | كابتشينو |
| café (m) soluble | neskafe (m) | نيسكافيه |
| lait (m) | laban (m) | لبن |
| cocktail (m) | koktayl (m) | كوكتيل |
| cocktail (m) au lait | milk ʃejk (m) | ميلك شيك |
| jus (m) | ʿaṣīr (m) | عصير |
| jus (m) de tomate | ʿaṣīr ṭamāṭem (m) | عصير طماطم |
| jus (m) d'orange | ʿaṣīr bortoqāl (m) | عصير برتقال |
| jus (m) pressé | ʿaṣīr freʃ (m) | عصير فريش |
| bière (f) | bīra (f) | بيرة |
| bière (f) blonde | bīra χafīfa (f) | بيرة خفيفة |
| bière (f) brune | bīra ɣamʾa (f) | بيرة غامقة |
| thé (m) | ʃāy (m) | شاي |
| thé (m) noir | ʃāy aḥmar (m) | شاي أحمر |
| thé (m) vert | ʃāy aχḍar (m) | شاي أخضر |

## 54. Les légumes

| | | |
|---|---|---|
| légumes (m pl) | χoḍār (pl) | خضار |
| verdure (f) | χoḍrawāt waraqiya (pl) | خضروات ورقية |
| tomate (f) | ṭamāṭem (f) | طماطم |
| concombre (m) | χeyār (m) | خيار |
| carotte (f) | gazar (m) | جزر |
| pomme (f) de terre | baṭāṭes (f) | بطاطس |
| oignon (m) | baṣal (m) | بصل |
| ail (m) | tūm (m) | ثوم |
| chou (m) | koronb (m) | كرنب |
| chou-fleur (m) | ʾarnabīṭ (m) | قرنبيط |
| chou (m) de Bruxelles | koronb broksel (m) | كرنب بروكسل |
| brocoli (m) | brokkoli (m) | بركولي |
| betterave (f) | bangar (m) | بنجر |
| aubergine (f) | bātengān (m) | باذنجان |
| courgette (f) | kōsa (f) | كوسة |
| potiron (m) | qarʿ ʿasaly (m) | قرع عسلي |
| navet (m) | left (m) | لفت |

| | | |
|---|---|---|
| persil (m) | ba'dūnes (m) | بقدونس |
| fenouil (m) | ʃabat (m) | شبت |
| laitue (f) (salade) | χass (m) | خسّ |
| céleri (m) | karfas (m) | كرفس |
| asperge (f) | helione (m) | هليون |
| épinard (m) | sabāneχ (m) | سبانخ |

| | | |
|---|---|---|
| pois (m) | besella (f) | بسلّة |
| fèves (f pl) | fūl (m) | فول |
| maïs (m) | dora (f) | ذرة |
| haricot (m) | faṣolya (f) | فاصوليا |

| | | |
|---|---|---|
| poivron (m) | felfel (m) | فلفل |
| radis (m) | fegl (m) | فجل |
| artichaut (m) | χarʃūf (m) | خرشوف |

## 55. Les fruits. Les noix

| | | |
|---|---|---|
| fruit (m) | faχa (f) | فاكهة |
| pomme (f) | toffāḥa (f) | تفّاحة |
| poire (f) | komettra (f) | كمّثرى |
| citron (m) | lymūn (m) | ليمون |
| orange (f) | bortoqāl (m) | برتقال |
| fraise (f) | farawla (f) | فراولة |

| | | |
|---|---|---|
| mandarine (f) | yosfy (m) | يوسفي |
| prune (f) | bar'ū' (m) | برقوق |
| pêche (f) | χawχa (f) | خوخة |
| abricot (m) | meʃmeʃ (f) | مشمش |
| framboise (f) | tūt el 'alī' el aḥmar (m) | توت العليق الأحمر |
| ananas (m) | ananās (m) | أناناس |

| | | |
|---|---|---|
| banane (f) | moze (m) | موز |
| pastèque (f) | baṭṭīχ (m) | بطّيخ |
| raisin (m) | 'enab (m) | عنب |
| merise (f), cerise (f) | karaz (m) | كرز |
| melon (m) | ʃammām (f) | شمّام |

| | | |
|---|---|---|
| pamplemousse (m) | grabe frūt (m) | جريب فروت |
| avocat (m) | avokado (f) | افوكاتو |
| papaye (f) | babāya (m) | ببايا |
| mangue (f) | manga (m) | مانجة |
| grenade (f) | rommān (m) | رمان |

| | | |
|---|---|---|
| groseille (f) rouge | keʃmeʃ aḥmar (m) | كشمش أحمر |
| cassis (m) | keʃmeʃ aswad (m) | كشمش أسود |
| groseille (f) verte | 'enab el sa'lab (m) | عنب الثعلب |
| myrtille (f) | 'enab al aḥrāg (m) | عنب الأحراج |
| mûre (f) | tūt aswad (m) | توت أسود |
| raisin (m) sec | zebīb (m) | زبيب |

| | | |
|---|---|---|
| figue (f) | tīn (m) | تين |
| datte (f) | tamr (m) | تمر |
| cacahuète (f) | fūl sudāny (m) | فول سوداني |
| amande (f) | loze (m) | لوز |
| noix (f) | ʻeyn gamal (f) | عين الجمل |
| noisette (f) | bondoʼ (m) | بندق |
| noix (f) de coco | goze el hend (m) | جوز هند |
| pistaches (f pl) | fostoʾ (m) | فستق |

## 56. Le pain. Les confiseries

| | | |
|---|---|---|
| confiserie (f) | ḥalawīāt (pl) | حلويّات |
| pain (m) | ʿeyʃ (m) | عيش |
| biscuit (m) | baskawīt (m) | بسكويت |
| chocolat (m) | ʃokolāta (f) | شكولاتة |
| en chocolat (adj) | bel ʃokolāṭa | بالشكولاتة |
| bonbon (m) | bonbony (m) | بونبوني |
| gâteau (m), pâtisserie (f) | keyka (f) | كيكة |
| tarte (f) | torta (f) | تورتة |
| gâteau (m) | feṭīra (f) | فطيرة |
| garniture (f) | ḥaʃwa (f) | حشوة |
| confiture (f) | mrabba (m) | مربّى |
| marmelade (f) | marmalād (f) | مرملاد |
| gaufre (f) | waffles (pl) | وافلز |
| glace (f) | ʾays krīm (m) | آيس كريم |
| pudding (m) | būding (m) | بودنج |

## 57. Les épices

| | | |
|---|---|---|
| sel (m) | melḥ (m) | ملح |
| salé (adj) | māleḥ | مالِح |
| saler (vt) | rasʃ malḥ | رش ملح |
| poivre (m) noir | felfel aswad (m) | فلفل أسوّد |
| poivre (m) rouge | felfel aḥmar (m) | فلفل أحمر |
| moutarde (f) | mosṭarda (m) | مسطردة |
| raifort (m) | fegl ḥār (m) | فجل حار |
| condiment (m) | bahār (m) | بهار |
| épice (f) | bahār (m) | بهار |
| sauce (f) | ṣalṣa (f) | صلصة |
| vinaigre (m) | χall (m) | خلّ |
| anis (m) | yansūn (m) | ينسون |
| basilic (m) | rīḥān (m) | ريحان |

| | | |
|---|---|---|
| clou (m) de girofle | ʾoronfol (m) | قرنفل |
| gingembre (m) | zangabīl (m) | زنجبيل |
| coriandre (m) | kozbora (f) | كزبرة |
| cannelle (f) | ʾerfa (f) | قرفة |
| | | |
| sésame (m) | semsem (m) | سمسم |
| feuille (f) de laurier | waraʾ el ɣār (m) | ورق الغار |
| paprika (m) | babrika (f) | بابريكا |
| cumin (m) | karawya (f) | كراوية |
| safran (m) | zaʿfarān (m) | زعفران |

# LES DONNÉES PERSONNELLES. LA FAMILLE

T&P Books Publishing

## 58. Les données personnelles. Les formulaires

| | | |
|---|---|---|
| prénom (m) | esm (m) | اسم |
| nom (m) de famille | esm el ʿaʾela (m) | اسم العائلة |
| date (f) de naissance | tarīχ el melād (m) | تاريخ الميلاد |
| lieu (m) de naissance | makān el melād (m) | مكان الميلاد |
| nationalité (f) | gensiya (f) | جنسيّة |
| domicile (m) | maqarr el eqāma (m) | مقرّ الإقامة |
| pays (m) | balad (m) | بلد |
| profession (f) | mehna (f) | مهنة |
| sexe (m) | ginss (m) | جنس |
| taille (f) | ṭūl (m) | طول |
| poids (m) | wazn (m) | وزن |

## 59. La famille. Les liens de parenté

| | | |
|---|---|---|
| mère (f) | walda (f) | والدة |
| père (m) | wāled (m) | والد |
| fils (m) | walad (m) | ولد |
| fille (f) | bent (f) | بنت |
| fille (f) cadette | el bent el saɣīra (f) | البنت الصغيرة |
| fils (m) cadet | el ebn el saɣīr (m) | الابن الصغير |
| fille (f) aînée | el bent el kebīra (f) | البنت الكبيرة |
| fils (m) aîné | el ebn el kabīr (m) | الابن الكبير |
| frère (m) | aχ (m) | أخ |
| frère (m) aîné | el aχ el kibīr (m) | الأخ الكبير |
| frère (m) cadet | el aχ el ṣoɣeyyir (m) | الأخ الصغير |
| sœur (f) | oχt (f) | أخت |
| sœur (f) aînée | el uχt el kibīra (f) | الأخت الكبيرة |
| sœur (f) cadette | el uχt el ṣoɣeyyira (f) | الأخت الصغيرة |
| cousin (m) | ibn ʿamm (m), ibn χāl (m) | إبن عمّ, إبن خال |
| cousine (f) | bint ʿamm (f), bint χāl (f) | بنت عم, بنت خال |
| maman (f) | mama (f) | ماما |
| papa (m) | baba (m) | بابا |
| parents (m pl) | waldeyn (du) | والدين |
| enfant (m, f) | ṭefl (m) | طفل |
| enfants (pl) | aṭfāl (pl) | أطفال |
| grand-mère (f) | gedda (f) | جدّة |
| grand-père (m) | gadd (m) | جدّ |

| | | |
|---|---|---|
| petit-fils (m) | ḥafīd (m) | حفيد |
| petite-fille (f) | ḥafīda (f) | حفيدة |
| petits-enfants (pl) | aḥfād (pl) | أحفاد |
| oncle (m) | ʿamm (m), χāl (m) | عمّ, خال |
| tante (f) | ʿamma (f), χāla (f) | عمّة, خالة |
| neveu (m) | ibn el aχ (m), ibn el uχt (m) | إبن الأخ, إبن الأخت |
| nièce (f) | bint el aχ (f), bint el uχt (f) | بنت الأخ, بنت الأخت |
| belle-mère (f) | ḥamah (f) | حماة |
| beau-père (m) | ḥama (m) | حما |
| gendre (m) | goze el bent (m) | جوز البنت |
| belle-mère (f) | merāt el abb (f) | مرات الأب |
| beau-père (m) | goze el omm (m) | جوز الأم |
| nourrisson (m) | ṭefl raḍeeʿ (m) | طفل رضيع |
| bébé (m) | mawlūd (m) | موّلود |
| petit (m) | walad ṣaɣīr (m) | ولد صغير |
| femme (f) | goza (f) | جوزة |
| mari (m) | goze (m) | جوز |
| époux (m) | goze (m) | جوز |
| épouse (f) | goza (f) | جوزة |
| marié (adj) | metgawwez | متجوّز |
| mariée (adj) | metgawweza | متجوّزة |
| célibataire (adj) | aʿzab | أعزب |
| célibataire (m) | aʿzab (m) | أعزب |
| divorcé (adj) | moṭallaq (m) | مطلّق |
| veuve (f) | armala (f) | أرملة |
| veuf (m) | armal (m) | أرمل |
| parent (m) | ʾarīb (m) | قريب |
| parent (m) proche | nesīb ʾarīb (m) | نسيب قريب |
| parent (m) éloigné | nesīb beʿīd (m) | نسيب بعيد |
| parents (m pl) | aqāreb (pl) | أقارب |
| orphelin (m), orpheline (f) | yatīm (m) | يتيم |
| tuteur (m) | walyī amr (m) | وليّ أمر |
| adopter (un garçon) | tabanna | تبنّى |
| adopter (une fille) | tabanna | تبنّى |

## 60. Les amis. Les collègues

| | | |
|---|---|---|
| ami (m) | ṣadīq (m) | صديق |
| amie (f) | ṣadīqa (f) | صديقة |
| amitié (f) | ṣadāqa (f) | صداقة |
| être ami | ṣādaq | صادق |
| copain (m) | ṣāḥeb (m) | صاحب |
| copine (f) | ṣaḥba (f) | صاحبة |

| | | |
|---|---|---|
| partenaire (m) | rafīʾ (m) | رفيق |
| chef (m) | raʾīs (m) | رئيس |
| supérieur (m) | el arfaʿ maqāman (m) | الأرفع مقاماً |
| propriétaire (m) | ṣāḥib (m) | صاحب |
| subordonné (m) | tābeʿ (m) | تابع |
| collègue (m, f) | zamīl (m) | زميل |
| | | |
| connaissance (f) | maʿrefa (m) | معرفة |
| compagnon (m) de route | rafīʾ safar (m) | رفيق سفر |
| copain (m) de classe | zamīl fel ṣaff (m) | زميل في الصفّ |
| | | |
| voisin (m) | gār (m) | جار |
| voisine (f) | gāra (f) | جارة |
| voisins (m pl) | gerān (pl) | جيران |

# LE CORPS HUMAIN. LES MÉDICAMENTS

T&P Books Publishing

## 61. La tête

| | | |
|---|---|---|
| tête (f) | ra's (m) | رأس |
| visage (m) | weʃ (m) | وش |
| nez (m) | manaχīr (m) | مناخير |
| bouche (f) | bo' (m) | بوء |
| | | |
| œil (m) | ʿeyn (f) | عين |
| les yeux | ʿoyūn (pl) | عيون |
| pupille (f) | ḥad'a (f) | حدقة |
| sourcil (m) | ḥāgeb (m) | حاجب |
| cil (m) | remʃ (m) | رمش |
| paupière (f) | gefn (m) | جفن |
| | | |
| langue (f) | lesān (m) | لسان |
| dent (f) | senna (f) | سنّة |
| lèvres (f pl) | ʃafāyef (pl) | شفايف |
| pommettes (f pl) | ʿaḍmet el χadd (f) | عضمة الخدّ |
| gencive (f) | lassa (f) | لثّة |
| palais (m) | ḥanak (m) | حنك |
| | | |
| narines (f pl) | manaχer (pl) | مناخر |
| menton (m) | da''n (m) | دقن |
| mâchoire (f) | fakk (m) | فكّ |
| joue (f) | χadd (m) | خدّ |
| | | |
| front (m) | gabha (f) | جبهة |
| tempe (f) | ṣedɣ (m) | صدغ |
| oreille (f) | wedn (f) | ودن |
| nuque (f) | 'afa (m) | قفا |
| cou (m) | ra'aba (f) | رقبة |
| gorge (f) | zore (m) | زور |
| | | |
| cheveux (m pl) | ʃaʿr (m) | شعر |
| coiffure (f) | tasrīḥa (f) | تسريحة |
| coupe (f) | tasrīḥa (f) | تسريحة |
| perruque (f) | barūka (f) | باروكة |
| | | |
| moustache (f) | ʃanab (pl) | شنب |
| barbe (f) | leḥya (f) | لحية |
| porter (~ la barbe) | ʿando | عنده |
| tresse (f) | ḍefīra (f) | ضفيرة |
| favoris (m pl) | sawālef (pl) | سوالف |
| | | |
| roux (adj) | aḥmar el ʃaʿr | أحمر الشعر |
| gris, grisonnant (adj) | ʃaʿr abyaḍ | شعر أبيض |

| | | |
|---|---|---|
| chauve (adj) | aṣlaʿ | أصلع |
| calvitie (f) | ṣalaʿ (m) | صلع |
| queue (f) de cheval | deyl ḥoṣān (m) | ديل حصان |
| frange (f) | ʾoṣṣa (f) | قصّة |

## 62. Le corps humain

| | | |
|---|---|---|
| main (f) | yad (m) | يد |
| bras (m) | derāʿ (f) | دراع |
| doigt (m) | ṣobāʿ (m) | صباع |
| orteil (m) | ṣobāʿ el ʾadam (m) | صباع القدم |
| pouce (m) | ebhām (m) | إبهام |
| petit doigt (m) | χonṣor (m) | خنصر |
| ongle (m) | ḍefr (m) | ضفر |
| poing (m) | qabḍa (f) | قبضة |
| paume (f) | kaff (f) | كفّ |
| poignet (m) | meʿṣam (m) | معصم |
| avant-bras (m) | sāʿed (m) | ساعد |
| coude (m) | kūʿ (m) | كوع |
| épaule (f) | ketf (f) | كتف |
| jambe (f) | regl (f) | رجل |
| pied (m) | qadam (f) | قدم |
| genou (m) | rokba (f) | ركبة |
| mollet (m) | semmāna (f) | سمّانة |
| hanche (f) | faχd (f) | فخد |
| talon (m) | kaʿb (m) | كعب |
| corps (m) | gesm (m) | جسم |
| ventre (m) | baṭn (m) | بطن |
| poitrine (f) | ṣedr (m) | صدر |
| sein (m) | sady (m) | ثدي |
| côté (m) | ganb (m) | جنب |
| dos (m) | ḍahr (m) | ضهر |
| reins (région lombaire) | asfal el ḍahr (m) | أسفل الضهر |
| taille (f) (~ de guêpe) | wesṭ (f) | وسط |
| nombril (m) | sorra (f) | سرّة |
| fesses (f pl) | ardāf (pl) | أرداف |
| derrière (m) | debr (m) | دبر |
| grain (m) de beauté | ʃāma (f) | شامة |
| tache (f) de vin | waḥma | وحمة |
| tatouage (m) | waʃm (m) | وشم |
| cicatrice (f) | nadba (f) | ندبة |

## 63. Les maladies

| | | |
|---|---|---|
| maladie (f) | marad̩ (m) | مرض |
| être malade | mered̩ | مرض |
| santé (f) | ṣeḥḥa (f) | صحّة |
| rhume (m) (coryza) | raʃ-ḥ fel anf (m) | رشح في الأنف |
| angine (f) | eltehāb el lawzateyn (m) | إلتهاب اللوزتين |
| refroidissement (m) | zokām (m) | زكام |
| prendre froid | gālo bard | جاله برد |
| bronchite (f) | eltehāb ʃoʿaby (m) | إلتهاب شعبيّ |
| pneumonie (f) | eltehāb raʾawy (m) | إلتهاب رئوي |
| grippe (f) | influenza (f) | إنفلونزا |
| myope (adj) | ʾaṣīr el naẓar | قصير النظر |
| presbyte (adj) | beʿīd el naẓar | بعيد النظر |
| strabisme (m) | ḥawal (m) | حوَل |
| strabique (adj) | aḥwal | أحوَل |
| cataracte (f) | katarakt (f) | كاتاراكت |
| glaucome (m) | glawkoma (f) | جلوكوما |
| insulte (f) | sakta (f) | سكتة |
| crise (f) cardiaque | azma ʾalbiya (f) | أزمة قلبية |
| infarctus (m) de myocarde | nawba ʾalbiya (f) | نوبة قلبية |
| paralysie (f) | ʃalal (m) | شلل |
| paralyser (vt) | ʃall | شلّ |
| allergie (f) | ḥasasiya (f) | حساسيّة |
| asthme (m) | rabw (m) | ربو |
| diabète (m) | dāʾ el sokkary (m) | داء السكّري |
| mal (m) de dents | alam asnān (m) | ألم الأسنان |
| carie (f) | naχr el asnān (m) | نخر الأسنان |
| diarrhée (f) | es-hāl (m) | إسهال |
| constipation (f) | emsāk (m) | إمساك |
| estomac (m) barbouillé | edṭrāb el meʿda (m) | إضطراب المعدة |
| intoxication (f) alimentaire | tasammom (m) | تسمم |
| être intoxiqué | etsammem | إتسمّم |
| arthrite (f) | eltehāb el mafāṣel (m) | إلتهاب المفاصل |
| rachitisme (m) | kosāḥ el aṭfāl (m) | كساح الأطفال |
| rhumatisme (m) | rheumatism (m) | روماتزم |
| athérosclérose (f) | taṣṣallob el ʃarayīn (m) | تصلّب الشرايين |
| gastrite (f) | eltehāb el meʿda (m) | إلتهاب المعدة |
| appendicite (f) | eltehāb el zayda el dūdiya (m) | إلتهاب الزائدة الدودية |
| cholécystite (f) | eltehāb el marāra (m) | إلتهاب المرارة |
| ulcère (m) | qorḥa (f) | قرحة |

| | | |
|---|---|---|
| rougeole (f) | marad el hasba (m) | مرض الحصبة |
| rubéole (f) | el hasba el almaniya (f) | الحصبة الألمانية |
| jaunisse (f) | yaraqān (m) | يرقان |
| hépatite (f) | eltehāb el kabed el vayrūsy (m) | إلتهاب الكبد الفيروسي |
| schizophrénie (f) | fuṣām (m) | فصام |
| rage (f) (hydrophobie) | dā' el kalb (m) | داء الكلب |
| névrose (f) | eḍṭrāb 'aṣaby (m) | إضطراب عصبي |
| commotion (f) cérébrale | ertegāg el moχ (m) | إرتجاج المخ |
| cancer (m) | saraṭān (m) | سرطان |
| sclérose (f) | taṣṣallob (m) | تصلّب |
| sclérose (f) en plaques | taṣṣallob mota'added (m) | تصلّب متعدّد |
| alcoolisme (m) | edmān el χamr (m) | إدمان الخمر |
| alcoolique (m) | modmen el χamr (m) | مدمن الخمر |
| syphilis (f) | syfilis el zehry (m) | سفلس الزهري |
| SIDA (m) | el eydz (m) | الايدز |
| tumeur (f) | waram (m) | ورم |
| maligne (adj) | χabīs | خبيث |
| bénigne (adj) | ḥamīd (m) | حميد |
| fièvre (f) | ḥomma (f) | حمّى |
| malaria (f) | malaria (f) | ملاريا |
| gangrène (f) | ɣanɣarīna (f) | غنغرينا |
| mal (m) de mer | dawār el baḥr (m) | دوار البحر |
| épilepsie (f) | maraḍ el ṣara' (m) | مرض الصرع |
| épidémie (f) | wabā' (m) | وباء |
| typhus (m) | tyfus (m) | تيفوس |
| tuberculose (f) | maraḍ el soll (m) | مرض السلّ |
| choléra (m) | kōlīra (f) | كوليرا |
| peste (f) | ṭa'ūn (m) | طاعون |

## 64. Les symptômes. Le traitement. Partie 1

| | | |
|---|---|---|
| symptôme (m) | 'araḍ (m) | عرض |
| température (f) | ḥarāra (f) | حرارة |
| fièvre (f) | ḥomma (f) | حمّى |
| pouls (m) | nabḍ (m) | نبض |
| vertige (m) | dawχa (f) | دوخة |
| chaud (adj) | soχn | سخن |
| frisson (m) | ra'ʃa (f) | رعشة |
| pâle (adj) | aṣfar | أصفر |
| toux (f) | koḥḥa (f) | كحّة |
| tousser (vi) | kaḥḥ | كحّ |

| | | |
|---|---|---|
| éternuer (vi) | ʿaṭas | عطس |
| évanouissement (m) | dawχa (f) | دوخة |
| s'évanouir (vp) | oɣma ʿaleyh | أغمي عليه |
| bleu (m) | kadma (f) | كدمة |
| bosse (f) | tawarrom (m) | تورّم |
| se heurter (vp) | etχabaṭ | إتخبط |
| meurtrissure (f) | raḍḍa (f) | رضّة |
| se faire mal | etkadam | إتكدم |
| boiter (vi) | ʿarag | عرج |
| foulure (f) | χalʿ (m) | خلع |
| se démettre (l'épaule, etc.) | χalaʿ | خلع |
| fracture (f) | kasr (m) | كسر |
| avoir une fracture | enkasar | إنكسر |
| coupure (f) | garḥ (m) | جرح |
| se couper (~ le doigt) | garaḥ nafsoh | جرح نفسه |
| hémorragie (f) | nazīf (m) | نزيف |
| brûlure (f) | ḥarʾ (m) | حرق |
| se brûler (vp) | et-ḥaraʾ | إتحرق |
| se piquer (le doigt) | waχaz | وخز |
| se piquer (vp) | waχaz nafso | وخز نفسه |
| blesser (vt) | aṣāb | أصاب |
| blessure (f) | eṣāba (f) | إصابة |
| plaie (f) (blessure) | garḥ (m) | جرح |
| trauma (m) | ṣadma (f) | صدمة |
| délirer (vi) | haza | هذى |
| bégayer (vi) | talaʿsam | تلعثم |
| insolation (f) | ḍarabet ʃams (f) | ضربة شمس |

## 65. Les symptômes. Le traitement. Partie 2

| | | |
|---|---|---|
| douleur (f) | alam (m) | ألم |
| écharde (f) | ʃazya (f) | شظية |
| sueur (f) | ʿerʾ (m) | عرق |
| suer (vi) | ʿereʾ | عرق |
| vomissement (m) | targeeʿ (m) | ترجيع |
| spasmes (m pl) | taʃonnogāt (pl) | تشنّجات |
| enceinte (adj) | ḥāmel | حامل |
| naître (vi) | etwalad | اتولّد |
| accouchement (m) | welāda (f) | ولادة |
| accoucher (vi) | walad | ولد |
| avortement (m) | eg-hāḍ (m) | إجهاض |
| respiration (f) | tanaffos (m) | تنفّس |

| | | |
|---|---|---|
| inhalation (f) | estenʃāq (m) | إستنشاق |
| expiration (f) | zafīr (m) | زفير |
| expirer (vi) | zafar | زفر |
| inspirer (vi) | estanʃaq | إستنشق |
| invalide (m) | mo'āq (m) | معاق |
| handicapé (m) | moq'ad (m) | مقعد |
| drogué (m) | modmen moχaddarāt (m) | مدمن مخدّرات |
| sourd (adj) | aṭraʃ | أطرش |
| muet (adj) | aχras | أخرس |
| sourd-muet (adj) | aṭraʃ aχras | أطرش أخرس |
| fou (adj) | magnūn (m) | مجنون |
| fou (m) | magnūn (m) | مجنون |
| folle (f) | magnūna (f) | مجنونة |
| devenir fou | etgannen | اتجنّن |
| gène (m) | ʒīn (m) | جين |
| immunité (f) | manā'a (f) | مناعة |
| héréditaire (adj) | werāsy | وراثي |
| congénital (adj) | χolqy men el welāda | خلقي من الولادة |
| virus (m) | virūs (m) | فيروس |
| microbe (m) | mikrūb (m) | ميكروب |
| bactérie (f) | garsūma (f) | جرثومة |
| infection (f) | 'adwa (f) | عدوى |

## 66. Les symptômes. Le traitement. Partie 3

| | | |
|---|---|---|
| hôpital (m) | mostaʃfa (m) | مستشفى |
| patient (m) | marīḍ (m) | مريض |
| diagnostic (m) | taʃχīṣ (m) | تشخيص |
| cure (f) (faire une ~) | ʃefā' (m) | شفاء |
| traitement (m) | 'elāg ṭebby (m) | علاج طبي |
| se faire soigner | et'āleg | اتعالج |
| traiter (un patient) | 'ālag | عالج |
| soigner (un malade) | marraḍ | مرّض |
| soins (m pl) | 'enāya (f) | عناية |
| opération (f) | 'amaliya grāḥiya (f) | عمليّة جراحية |
| panser (vt) | ḍammad | ضمّد |
| pansement (m) | taḍmīd (m) | تضميد |
| vaccination (f) | talqīḥ (m) | تلقيح |
| vacciner (vt) | laqqaḥ | لقّح |
| piqûre (f) | ḥo'na (f) | حقنة |
| faire une piqûre | ḥa'an ebra | حقن إبرة |
| crise, attaque (f) | nawba (f) | نوبة |

| | | |
|---|---|---|
| amputation (f) | batr (m) | بتر |
| amputer (vt) | batr | بتر |
| coma (m) | ɣaybūba (f) | غيبوبة |
| être dans le coma | kān fi ḥālet ɣaybūba | كان في حالة غيبوبة |
| réanimation (f) | el ʿenāya el morakkaza (f) | العناية المركّزة |
| se rétablir (vp) | ʃefy | شفي |
| état (m) (de santé) | ḥāla (f) | حالة |
| conscience (f) | waʿy (m) | وعي |
| mémoire (f) | zākera (f) | ذاكرة |
| arracher (une dent) | χalaʿ | خلع |
| plombage (m) | ḥaʃww (m) | حشوّ |
| plomber (vt) | ḥaʃa | حشا |
| hypnose (f) | el tanwīm el meɣnaṭīsy (m) | التنويم المغناطيسى |
| hypnotiser (vt) | nawwem | نوّم |

## 67. Les médicaments. Les accessoires

| | | |
|---|---|---|
| médicament (m) | dawāʾ (m) | دواء |
| remède (m) | ʿelāg (m) | علاج |
| prescrire (vt) | waṣaf | وصف |
| ordonnance (f) | waṣfa (f) | وصفة |
| comprimé (m) | ʾorṣ (m) | قرص |
| onguent (m) | marham (m) | مرهم |
| ampoule (f) | ambūla (f) | أمبولة |
| mixture (f) | dawāʾ ʃorb (m) | دواء شراب |
| sirop (m) | ʃarāb (m) | شراب |
| pilule (f) | ḥabba (f) | حبّة |
| poudre (f) | zorūr (m) | ذرور |
| bande (f) | ḍammāda ʃāʃ (f) | ضمادة شاش |
| coton (m) (ouate) | ʾoṭn (m) | قطن |
| iode (m) | yūd (m) | يود |
| sparadrap (m) | blaster (m) | بلاستر |
| compte-gouttes (m) | ʾaṭṭāra (f) | قطّارة |
| thermomètre (m) | termometr (m) | ترمومتر |
| seringue (f) | serennga (f) | سرنجة |
| fauteuil (m) roulant | korsy motaḥarrek (m) | كرسي متحرك |
| béquilles (f pl) | ʿokkāz (m) | عكّاز |
| anesthésique (m) | mosakken (m) | مسكّن |
| purgatif (m) | molayen (m) | مليّن |
| alcool (m) | etanol (m) | إيثانول |
| herbe (f) médicinale | aʿʃāb ṭebbiya (pl) | أعشاب طبّية |
| d'herbes (adj) | ʿoʃby | عشبي |

# L'APPARTEMENT

T&P Books Publishing

## 68. L'appartement

| | | |
|---|---|---|
| appartement (m) | ʃa''a (f) | شقّة |
| chambre (f) | oḍa (f) | أوضة |
| chambre (f) à coucher | oḍet el nome (f) | أوضة النوم |
| salle (f) à manger | oḍet el sofra (f) | أوضة السفرة |
| salon (m) | oḍet el esteqbāl (f) | أوضة الإستقبال |
| bureau (m) | maktab (m) | مكتب |
| antichambre (f) | madχal (m) | مدخل |
| salle (f) de bains | ḥammām (m) | حمّام |
| toilettes (f pl) | ḥammām (m) | حمّام |
| plafond (m) | sa'f (m) | سقف |
| plancher (m) | arḍiya (f) | أرضية |
| coin (m) | zawya (f) | زاوية |

## 69. Les meubles. L'intérieur

| | | |
|---|---|---|
| meubles (m pl) | asās (m) | أثاث |
| table (f) | maktab (m) | مكتب |
| chaise (f) | korsy (m) | كرسي |
| lit (m) | serīr (m) | سرير |
| canapé (m) | kanaba (f) | كنبة |
| fauteuil (m) | korsy (m) | كرسي |
| bibliothèque (f) (meuble) | χazzānet kotob (f) | خزّانة كتب |
| rayon (m) | raff (m) | رفّ |
| armoire (f) | dolāb (m) | دولاب |
| patère (f) | ʃammā'a (f) | شمّاعة |
| portemanteau (m) | ʃammā'a (f) | شمّاعة |
| commode (f) | dolāb adrāg (m) | دولاب أدراج |
| table (f) basse | ṭarabeyzet el 'ahwa (f) | طرابيزة القهوة |
| miroir (m) | merāya (f) | مراية |
| tapis (m) | seggāda (f) | سجّادة |
| petit tapis (m) | seggāda (f) | سجّادة |
| cheminée (f) | daffāya (f) | دفّاية |
| bougie (f) | ʃam'a (f) | شمعة |
| chandelier (m) | ʃam'adān (m) | شمعدان |
| rideaux (m pl) | satā'er (pl) | ستائر |

| | | |
|---|---|---|
| papier (m) peint | wara' ḥāʾeṭ (m) | ورق حائط |
| jalousie (f) | satāʾer ofoqiya (pl) | ستائر أُفقيّة |
| | | |
| lampe (f) de table | abāʒūr (f) | اباجورة |
| applique (f) | lammbet ḥāʾeṭ (f) | لَمبة حائط |
| lampadaire (m) | meṣbāḥ arḍy (m) | مصباح أرضي |
| lustre (m) | nagafa (f) | نجفة |
| | | |
| pied (m) (~ de la table) | regl (f) | رجل |
| accoudoir (m) | masnad (m) | مسند |
| dossier (m) | masnad (m) | مسند |
| tiroir (m) | dorg (m) | درج |

## 70. La literie

| | | |
|---|---|---|
| linge (m) de lit | bayāḍāt el serīr (pl) | بياضات السرير |
| oreiller (m) | maχadda (f) | مخدّة |
| taie (f) d'oreiller | kīs el maχadda (m) | كيس المخدّة |
| couverture (f) | leḥāf (m) | لحاف |
| drap (m) | melāya (f) | ملاية |
| couvre-lit (m) | ɣaṭāʾ el serīr (m) | غطاء السرير |

## 71. La cuisine

| | | |
|---|---|---|
| cuisine (f) | maṭbaχ (m) | مطبخ |
| gaz (m) | ɣāz (m) | غاز |
| cuisinière (f) à gaz | botoɣāz (m) | بوتوغاز |
| cuisinière (f) électrique | forn kaharabāʾy (m) | فرن كهربائي |
| four (m) | forn (m) | فرن |
| four (m) micro-ondes | mikroweyv (m) | ميكروويف |
| | | |
| réfrigérateur (m) | tallāga (f) | ثلاجة |
| congélateur (m) | freyzer (m) | فريزر |
| lave-vaisselle (m) | ɣassālet aṭbāʾ (f) | غسَّالة أطباق |
| | | |
| hachoir (m) à viande | farrāmet laḥm (f) | فرَّامة لحم |
| centrifugeuse (f) | ʿaṣṣāra (f) | عصَّارة |
| grille-pain (m) | maḥmaṣet χobz (f) | محمصة خبز |
| batteur (m) | χallāṭ (m) | خلَّاط |
| | | |
| machine (f) à café | makinet ṣonʿ el ʾahwa (f) | ماكينة صنع القهوة |
| cafetière (f) | ɣallāya kahrabaʾiya (f) | غلَّاية القهوة |
| moulin (m) à café | maṭ-ḥanet ʾahwa (f) | مطحنة قهوة |
| | | |
| bouilloire (f) | ɣallāya (f) | غلَّاية |
| théière (f) | barrād el ʃāy (m) | برَّاد الشاي |
| couvercle (m) | ɣaṭāʾ (m) | غطاء |
| passoire (f) à thé | maṣfāh el ʃāy (f) | مصفاة الشاي |

| | | |
|---|---|---|
| cuillère (f) | maʿlaʾa (f) | معلقة |
| petite cuillère (f) | maʿlaʾet ʃāy (f) | معلقة شاي |
| cuillère (f) à soupe | maʿlaʾa kebīra (f) | ملعقة كبيرة |
| fourchette (f) | ʃawka (f) | شوكة |
| couteau (m) | sekkīna (f) | سكّينة |
| vaisselle (f) | awāny (pl) | أواني |
| assiette (f) | ṭabaʾ (m) | طبق |
| soucoupe (f) | ṭabaʾ fengān (m) | طبق فنجان |
| verre (m) à shot | kāsa (f) | كاسة |
| verre (m) (~ d'eau) | kobbāya (f) | كوبّاية |
| tasse (f) | fengān (m) | فنجان |
| sucrier (m) | sokkariya (f) | سكّريّة |
| salière (f) | mamlaḥa (f) | مملحة |
| poivrière (f) | mobhera (f) | مبهرة |
| beurrier (m) | ṭabaʾ zebda (m) | طبق زبدة |
| casserole (f) | ḥalla (f) | حلّة |
| poêle (f) | ṭāsa (f) | طاسة |
| louche (f) | maɣrafa (f) | مغرفة |
| passoire (f) | maṣfāh (f) | مصفاه |
| plateau (m) | ṣeniya (f) | صينيّة |
| bouteille (f) | ezāza (f) | إزازة |
| bocal (m) (à conserves) | barṭamān (m) | برطمان |
| boîte (f) en fer-blanc | kanz (m) | كانز |
| ouvre-bouteille (m) | fattāḥa (f) | فتّاحة |
| ouvre-boîte (m) | fattāḥa (f) | فتّاحة |
| tire-bouchon (m) | barrīma (f) | بريّمة |
| filtre (m) | filter (m) | فلتر |
| filtrer (vt) | ṣaffa | صفّى |
| ordures (f pl) | zebāla (f) | زبالة |
| poubelle (f) | ṣandūʾ el zebāla (m) | صندوق الزبالة |

## 72. La salle de bains

| | | |
|---|---|---|
| salle (f) de bains | ḥammām (m) | حمّام |
| eau (f) | meyāh (f) | مياه |
| robinet (m) | ḥanafiya (f) | حنفيّة |
| eau (f) chaude | maya soxna (f) | مايّة سخنة |
| eau (f) froide | maya barda (f) | مايّة باردة |
| dentifrice (m) | maʿgūn asnān (m) | معجون أسنان |
| se brosser les dents | naḍḍaf el asnān | نظّف الأسنان |
| brosse (f) à dents | forʃet senān (f) | فرشة أسنان |
| se raser (vp) | ḥalaʾ | حلق |

| | | |
|---|---|---|
| mousse (f) à raser | raɣwa lel ḥelā'a (f) | رغوة للحلاقة |
| rasoir (m) | mūs (m) | موس |
| laver (vt) | ɣasal | غسل |
| se laver (vp) | estaḥamma | إستحمّى |
| douche (f) | doʃ (m) | دوش |
| prendre une douche | aχad doʃ | أخد دوش |
| baignoire (f) | banyo (m) | بانيو |
| cuvette (f) | twalet (m) | تواليت |
| lavabo (m) | ḥoḍe (m) | حوض |
| savon (m) | ṣabūn (m) | صابون |
| porte-savon (m) | ṣabbāna (f) | صبّانة |
| éponge (f) | līfa (f) | ليفة |
| shampooing (m) | ʃambū (m) | شامبو |
| serviette (f) | fūṭa (f) | فوطة |
| peignoir (m) de bain | robe el ḥammām (m) | روب حمّام |
| lessive (f) (faire la ~) | ɣasīl (m) | غسيل |
| machine (f) à laver | ɣassāla (f) | غسّالة |
| faire la lessive | ɣasal el malābes | غسل الملابس |
| lessive (f) (poudre) | mas-ḥū' ɣasīl (m) | مسحوق غسيل |

## 73. Les appareils électroménagers

| | | |
|---|---|---|
| téléviseur (m) | televizion (m) | تليفزيون |
| magnétophone (m) | gehāz tasgīl (m) | جهاز تسجيل |
| magnétoscope (m) | 'āla tasgīl video (f) | آلة تسجيل فيديو |
| radio (f) | gehāz radio (m) | جهاز راديو |
| lecteur (m) | blayer (m) | بليير |
| vidéoprojecteur (m) | gehāz 'arḍ (m) | جهاز عرض |
| home cinéma (m) | sinema manzeliya (f) | سينما منزليّة |
| lecteur DVD (m) | dividī blayer (m) | دي في دي بليير |
| amplificateur (m) | mokabbaer el ṣote (m) | مكبّر الصوت |
| console (f) de jeux | 'ātāry (m) | أتاري |
| caméscope (m) | kamera video (f) | كاميرا فيديو |
| appareil (m) photo | kamera (f) | كاميرا |
| appareil (m) photo numérique | kamera diʒital (f) | كاميرا ديجيتال |
| aspirateur (m) | maknasa kahraba'iya (f) | مكنسة كهربائيّة |
| fer (m) à repasser | makwa (f) | مكواة |
| planche (f) à repasser | lawḥet kayī (f) | لوحة كيّ |
| téléphone (m) | telefon (m) | تليفون |
| portable (m) | mobile (m) | موبايل |

| | | |
|---|---|---|
| machine (f) à écrire | ʾāla katba (f) | آلة كاتبة |
| machine (f) à coudre | makanet el χeyāṭa (f) | مكنة الخياطة |
| micro (m) | mikrofon (m) | ميكروفون |
| écouteurs (m pl) | sammaʿāt raʾsiya (pl) | سمّاعات رأسية |
| télécommande (f) | remowt kontrol (m) | ريموت كنترول |
| CD (m) | sidī (m) | سي دي |
| cassette (f) | kasett (m) | كاسيت |
| disque (m) (vinyle) | esṭewāna mūsīqa (f) | أسطوانة موسيقى |

T&P BOOKS

# LA TERRE. LE TEMPS

T&P Books Publishing

## 74. L'espace cosmique

| | | |
|---|---|---|
| cosmos (m) | faḍā' (m) | فضاء |
| cosmique (adj) | faḍā'y | فضائي |
| espace (m) cosmique | el faḍā' el χāregy (m) | الفضاء الخارجي |
| monde (m) | ʿālam (m) | عالم |
| univers (m) | el kōn (m) | الكون |
| galaxie (f) | el magarra (f) | المجرّة |
| étoile (f) | negm (m) | نجم |
| constellation (f) | borg (m) | برج |
| planète (f) | kawwkab (m) | كوكب |
| satellite (m) | 'amar ṣenāʿy (m) | قمر صناعي |
| météorite (m) | nayzek (m) | نيزك |
| comète (f) | mozannab (m) | مذنّب |
| astéroïde (m) | kowaykeb (m) | كويكب |
| orbite (f) | madār (m) | مدار |
| tourner (vi) | dār | دار |
| atmosphère (f) | el ɣelāf el gawwy (m) | الغلاف الجوّي |
| Soleil (m) | el ʃams (f) | الشمس |
| système (m) solaire | el magmūʿa el ʃamsiya (f) | المجموعة الشمسيّة |
| éclipse (f) de soleil | kosūf el ʃams (m) | كسوف الشمس |
| Terre (f) | el arḍ (f) | الأرض |
| Lune (f) | el 'amar (m) | القمر |
| Mars (m) | el marrīχ (m) | المرّيخ |
| Vénus (f) | el zahra (f) | الزهرة |
| Jupiter (m) | el moʃtary (m) | المشتري |
| Saturne (m) | zoḥḥol (m) | زحل |
| Mercure (m) | ʿaṭāred (m) | عطارد |
| Uranus (m) | uranus (m) | اورانوس |
| Neptune | nibtūn (m) | نبتون |
| Pluton (m) | bluto (m) | بلوتو |
| la Voie Lactée | darb el tebbāna (m) | درب التبّانة |
| la Grande Ours | el dobb el akbar (m) | الدب الأكبر |
| la Polaire | negm el 'oṭb (m) | نجم القطب |
| martien (m) | sāken el marrīχ (m) | ساكن المرّيخ |
| extraterrestre (m) | faḍā'y (m) | فضائي |
| alien (m) | kā'en faḍā'y (m) | كائن فضائي |

| | | |
|---|---|---|
| soucoupe (f) volante | ṭaba' ṭā'er (m) | طبق طائر |
| vaisseau (m) spatial | markaba faḍa'iya (f) | مركبة فضائية |
| station (f) orbitale | maḥaṭṭet faḍā' (f) | محطّة فضاء |
| lancement (m) | enṭelāq (m) | إنطلاق |
| moteur (m) | motore (m) | موتور |
| tuyère (f) | manfaθ (m) | منفث |
| carburant (m) | woqūd (m) | وقود |
| cabine (f) | kabīna (f) | كابينة |
| antenne (f) | hawā'y (m) | هوائي |
| hublot (m) | kowwa mostadīra (f) | كوّة مستديرة |
| batterie (f) solaire | lawḥa ʃamsiya (f) | لوحة شمسيّة |
| scaphandre (m) | badlet el faḍā' (f) | بدّلة الفضاء |
| apesanteur (f) | en'edām wazn (m) | إنعدام الوزن |
| oxygène (m) | oksiʒīn (m) | أوكسجين |
| arrimage (m) | rasw (m) | رسو |
| s'arrimer à ... | rasa | رسى |
| observatoire (m) | marṣad (m) | مرصد |
| télescope (m) | teleskop (m) | تلسكوب |
| observer (vt) | rāqab | راقب |
| explorer (un cosmos) | estakʃef | إستكشف |

## 75. La Terre

| | | |
|---|---|---|
| Terre (f) | el arḍ (f) | الأرض |
| globe (m) terrestre | el kora el arḍiya (f) | الكرة الأرضيّة |
| planète (f) | kawwkab (m) | كوّكب |
| atmosphère (f) | el ɣelāf el gawwy (m) | الغلاف الجوّي |
| géographie (f) | goɣrafia (f) | جغرافيا |
| nature (f) | ṭabee'a (f) | طبيعة |
| globe (m) de table | namūzag lel kora el arḍiya (m) | نموذج للكرة الأرضيّة |
| carte (f) | χarīṭa (f) | خريطة |
| atlas (m) | aṭlas (m) | أطلس |
| Europe (f) | orobba (f) | أوروبّا |
| Asie (f) | asya (f) | آسيا |
| Afrique (f) | afreqia (f) | أفريقيا |
| Australie (f) | ostorālya (f) | أستراليا |
| Amérique (f) | amrīka (f) | أمريكا |
| Amérique (f) du Nord | amrīka el ʃamaliya (f) | أمريكا الشماليّة |
| Amérique (f) du Sud | amrīka el ganūbiya (f) | أمريكا الجنوبيّة |
| l'Antarctique (m) | el qoṭb el ganūby (m) | القطب الجنوبي |
| l'Arctique (m) | el qoṭb el ʃamāly (m) | القطب الشمالي |

## 76. Les quatre parties du monde

| | | |
|---|---|---|
| nord (m) | ʃemāl (m) | شمال |
| vers le nord | lel ʃamāl | للشمال |
| au nord | fel ʃamāl | في الشمال |
| du nord (adj) | ʃamāly | شمالي |
| sud (m) | ganūb (m) | جنوب |
| vers le sud | lel ganūb | للجنوب |
| au sud | fel ganūb | في الجنوب |
| du sud (adj) | ganūby | جنوبي |
| ouest (m) | ɣarb (m) | غرب |
| vers l'occident | lel ɣarb | للغرب |
| à l'occident | fel ɣarb | في الغرب |
| occidental (adj) | ɣarby | غربي |
| est (m) | ʃarʾ (m) | شرق |
| vers l'orient | lel ʃarʾ | للشرق |
| à l'orient | fel ʃarʾ | في الشرق |
| oriental (adj) | ʃarʾy | شرقي |

## 77. Les océans et les mers

| | | |
|---|---|---|
| mer (f) | baḥr (m) | بحر |
| océan (m) | moḥīṭ (m) | محيط |
| golfe (m) | χalīg (m) | خليج |
| détroit (m) | maḍīq (m) | مضيق |
| terre (f) ferme | barr (m) | برّ |
| continent (m) | qārra (f) | قارّة |
| île (f) | gezīra (f) | جزيرة |
| presqu'île (f) | ʃebh gezeyra (f) | شبه جزيرة |
| archipel (m) | magmūʿet gozor (f) | مجموعة جزر |
| baie (f) | χalīg (m) | خليج |
| port (m) | mināʾ (m) | ميناء |
| lagune (f) | lagūn (m) | لاجون |
| cap (m) | raʾs (m) | رأس |
| atoll (m) | gezīra morganiya estwaʾiya (f) | جزيرة مرجانيةّ إستوائيّة |
| récif (m) | ʃoʿāb (pl) | شعاب |
| corail (m) | morgān (m) | مرجان |
| récif (m) de corail | ʃoʿāb morganiya (pl) | شعاب مرجانية |
| profond (adj) | ʿamīq | عميق |
| profondeur (f) | ʿomq (m) | عمق |
| abîme (m) | el ʿomq el saḥīq (m) | العمق السحيق |

| | | |
|---|---|---|
| fosse (f) océanique | χondoq (m) | خندق |
| courant (m) | tayār (m) | تيّار |
| baigner (vt) (mer) | ḥāṭ | حاط |
| littoral (m) | sāḥel (m) | ساحل |
| côte (f) | sāḥel (m) | ساحل |
| marée (f) haute | tayār (m) | تيّار |
| marée (f) basse | gozor (m) | جزر |
| banc (m) de sable | meyāh ḍaḥla (f) | مياه ضحلة |
| fond (m) | qāʿ (m) | قاع |
| vague (f) | mouga (f) | موجة |
| crête (f) de la vague | qemma (f) | قمّة |
| mousse (f) | zabad el baḥr (m) | زبد البحر |
| tempête (f) en mer | ʿāṣefa (f) | عاصفة |
| ouragan (m) | eʿṣār (m) | إعصار |
| tsunami (m) | tsunāmy (m) | تسونامي |
| calme (m) | hodūʾ (m) | هدوء |
| calme (tranquille) | hady | هادئ |
| pôle (m) | ʾoṭb (m) | قطب |
| polaire (adj) | ʾoṭby | قطبي |
| latitude (f) | ʿarḍ (m) | عرض |
| longitude (f) | χaṭṭ ṭūl (m) | خطّ طول |
| parallèle (f) | motawāz (m) | متواز |
| équateur (m) | χaṭṭ el estewāʾ (m) | خطّ الإستواء |
| ciel (m) | samāʾ (f) | سماء |
| horizon (m) | ofoq (m) | أفق |
| air (m) | hawāʾ (m) | هواء |
| phare (m) | manāra (f) | منارة |
| plonger (vi) | ɣāṣ | غاص |
| sombrer (vi) | ɣereʾ | غرق |
| trésor (m) | konūz (pl) | كنوز |

## 78. Les noms des mers et des océans

| | | |
|---|---|---|
| océan (m) Atlantique | el moḥeyṭ el aṭlanṭy (m) | المحيط الأطلنطي |
| océan (m) Indien | el moḥeyṭ el hendy (m) | المحيط الهندي |
| océan (m) Pacifique | el moḥeyṭ el hādy (m) | المحيط الهادي |
| océan (m) Glacial | el moḥeyṭ el motagammed el ʃamāly (m) | المحيط المتجمّد الشمالي |
| mer (f) Noire | el baḥr el aswad (m) | البحر الأسود |
| mer (f) Rouge | el baḥr el aḥmar (m) | البحر الأحمر |
| mer (f) Jaune | el baḥr el aṣfar (m) | البحر الأصفر |

| | | |
|---|---|---|
| mer (f) Blanche | el baḥr el abyaḍ (m) | البحر الأبيض |
| mer (f) Caspienne | baḥr qazwīn (m) | بحر قزوين |
| mer (f) Morte | el baḥr el mayet (m) | البحر الميّت |
| mer (f) Méditerranée | el baḥr el abyaḍ el motawasseṭ (m) | البحر الأبيض المتوسط |
| mer (f) Égée | baḥr eygah (m) | بحر إيجة |
| mer (f) Adriatique | el baḥr el adreyatīky (m) | البحر الأدرياتيكي |
| mer (f) Arabique | baḥr el ʿarab (m) | بحر العرب |
| mer (f) du Japon | baḥr el yabān (m) | بحر اليابان |
| mer (f) de Béring | baḥr bering (m) | بحر بيرينغ |
| mer (f) de Chine Méridionale | baḥr el ṣeyn el ganūby (m) | بحر الصين الجنوبي |
| mer (f) de Corail | baḥr el morgān (m) | بحر المرجان |
| mer (f) de Tasman | baḥr tazman (m) | بحر تسمان |
| mer (f) Caraïbe | el baḥr el karību (m) | البحر الكاريبي |
| mer (f) de Barents | baḥr barents (m) | بحر بارنتس |
| mer (f) de Kara | baḥr kara (m) | بحر كارا |
| mer (f) du Nord | baḥr el ʃamāl (m) | بحر الشمال |
| mer (f) Baltique | baḥr el balṭīq (m) | بحر البلطيق |
| mer (f) de Norvège | baḥr el nerwīg (m) | بحر النرويج |

## 79. Les montagnes

| | | |
|---|---|---|
| montagne (f) | gabal (m) | جبل |
| chaîne (f) de montagnes | selselet gebāl (f) | سلسلة جبال |
| crête (f) | notū' el gabal (m) | نتوء الجبل |
| sommet (m) | qemma (f) | قمّة |
| pic (m) | qemma (f) | قمّة |
| pied (m) | asfal (m) | أسفل |
| pente (f) | monḥadar (m) | منحدر |
| volcan (m) | borkān (m) | بركان |
| volcan (m) actif | borkān naʃeṭ (m) | بركان نشط |
| volcan (m) éteint | borkān χāmed (m) | بركان خامد |
| éruption (f) | sawarān (m) | ثوّران |
| cratère (m) | fawhet el borkān (f) | فوهة البركان |
| magma (m) | magma (f) | ماجما |
| lave (f) | ḥomam borkāniya (pl) | حمم بركانية |
| en fusion (lave ~) | monṣahera | منصهرة |
| canyon (m) | wādy ḍaye' (m) | وادي ضيّق |
| défilé (m) (gorge) | mamarr ḍaye' (m) | ممرّ ضيّق |
| crevasse (f) | ʃa'' (m) | شقّ |

| | | |
|---|---|---|
| précipice (m) | hāwya (f) | هاوية |
| col (m) de montagne | mamarr gabaly (m) | ممرّ جبلي |
| plateau (m) | haḍaba (f) | هضبة |
| rocher (m) | garf (m) | جرف |
| colline (f) | tall (m) | تلّ |
| glacier (m) | nahr galīdy (m) | نهر جليدي |
| chute (f) d'eau | ʃallāl (m) | شلّال |
| geyser (m) | nabʿ maya ḥāra (m) | نبع ميّة حارة |
| lac (m) | boḥeyra (f) | بحيرة |
| plaine (f) | sahl (m) | سهل |
| paysage (m) | manzar ṭabeeʿy (m) | منظر طبيعي |
| écho (m) | ṣada (m) | صدى |
| alpiniste (m) | motasalleq el gebāl (m) | متسلّق الجبال |
| varappeur (m) | motasalleq ṣoχūr (m) | متسلّق صخور |
| conquérir (vt) | taɣallab ʿala | تغلّب على |
| ascension (f) | tasalloq (m) | تسلّق |

## 80. Les noms des chaînes de montagne

| | | |
|---|---|---|
| Alpes (f pl) | gebāl el alb (pl) | جبال الألب |
| Mont Blanc (m) | mōn blōn (m) | مون بلون |
| Pyrénées (f pl) | gebāl el barānes (pl) | جبال البرانس |
| Carpates (f pl) | gebāl el karbāt (pl) | جبال الكاربات |
| Monts Oural (m pl) | gebāl el urāl (pl) | جبال الأورال |
| Caucase (m) | gebāl el qoqāz (pl) | جبال القوقاز |
| Elbrous (m) | gabal elbrus (m) | جبل إلبروس |
| Altaï (m) | gebāl altāy (pl) | جبال ألتاي |
| Tian Chan (m) | gebāl tian ʃan (pl) | جبال تيان شان |
| Pamir (m) | gebāl bamir (pl) | جبال بامير |
| Himalaya (m) | himalāya (pl) | هيمالايا |
| Everest (m) | gabal everest (m) | جبل افرست |
| Andes (f pl) | gebāl el andīz (pl) | جبال الأنديز |
| Kilimandjaro (m) | gabal kilimanʒaro (m) | جبل كليمنجارو |

## 81. Les fleuves

| | | |
|---|---|---|
| rivière (f), fleuve (m) | nahr (m) | نهر |
| source (f) | ʿeyn (m) | عين |
| lit (m) (d'une rivière) | magra el nahr (m) | مجرى النهر |
| bassin (m) | ḥoḍe (m) | حوض |
| se jeter dans ... | ṣabb fe ... | ...صبّ في |
| affluent (m) | rāfed (m) | رافد |

| | | |
|---|---|---|
| rive (f) | ḍaffa (f) | ضفّة |
| courant (m) | tayār (m) | تيّار |
| en aval | ma' ettigāh magra el nahr | مع إتّجاه مجرى النهر |
| en amont | ḍed el tayār | ضد التيار |
| inondation (f) | ɣamr (m) | غمر |
| les grandes crues | fayaḍān (m) | فيضان |
| déborder (vt) | fāḍ | فاض |
| inonder (vt) | ɣamar | غمر |
| bas-fond (m) | meyāh ḍaḥla (f) | مياه ضحلة |
| rapide (m) | monḥadar el nahr (m) | منحدر النهر |
| barrage (m) | sadd (m) | سدّ |
| canal (m) | qanah (f) | قناة |
| lac (m) de barrage | χazzān mā'y (m) | خزّان مائي |
| écluse (f) | bawwāba qanṭara (f) | بوّابة قنطرة |
| plan (m) d'eau | berka (f) | بركة |
| marais (m) | mostanqa' (m) | مستنقع |
| fondrière (f) | mostanqa' (m) | مستنقع |
| tourbillon (m) | dawwāma (f) | دوّامة |
| ruisseau (m) | gadwal (m) | جدوَل |
| potable (adj) | el ʃorb | الشرب |
| douce (l'eau ~) | 'azb | عذب |
| glace (f) | galīd (m) | جليد |
| être gelé | etgammed | إتجمّد |

## 82. Les noms des fleuves

| | | |
|---|---|---|
| Seine (f) | el seyn (m) | السين |
| Loire (f) | el lua:r (m) | اللوار |
| Tamise (f) | el teymz (m) | التيمز |
| Rhin (m) | el rayn (m) | الراين |
| Danube (m) | el danūb (m) | الدانوب |
| Volga (f) | el volga (m) | الفولغا |
| Don (m) | el done (m) | الدون |
| Lena (f) | lena (m) | لينا |
| Huang He (m) | el nahr el aṣfar (m) | النهر الأصفر |
| Yangzi Jiang (m) | el yangesty (m) | اليانغستي |
| Mékong (m) | el mekong (m) | الميكونغ |
| Gange (m) | el ɣang (m) | الغانج |
| Nil (m) | el nīl (m) | النيل |
| Congo (m) | el kongo (m) | الكونغو |

| | | |
|---|---|---|
| Okavango (m) | okavango (m) | أوكافانجو |
| Zambèze (m) | el zambizi (m) | الزمبيزي |
| Limpopo (m) | limbobo (m) | ليمبوبو |
| Mississippi (m) | el mississibbi (m) | الميسيسيبي |

## 83. La forêt

| | | |
|---|---|---|
| forêt (f) | ɣāba (f) | غابة |
| forestier (adj) | ɣāba | غابة |
| fourré (m) | ɣāba kasīfa (f) | غابة كثيفة |
| bosquet (m) | bostān (m) | بستان |
| clairière (f) | ezālet el ɣābāt (f) | إزالة الغابات |
| broussailles (f pl) | agama (f) | أجمة |
| taillis (m) | arāḍy el ʃogayrāt (pl) | أراضي الشجيرات |
| sentier (m) | mamarr (m) | ممرّ |
| ravin (m) | wādy ḍayeʾ (m) | وادي ضيّق |
| arbre (m) | ʃagara (f) | شجرة |
| feuille (f) | waraʾa (f) | ورقة |
| feuillage (m) | waraʾ (m) | ورق |
| chute (f) de feuilles | tasāʾoṭ el awrāʾ (m) | تساقط الأوراق |
| tomber (feuilles) | saqaṭ | سقط |
| sommet (m) | raʾs (m) | رأس |
| rameau (m) | ɣoṣn (m) | غصن |
| branche (f) | ɣoṣn raʾīsy (m) | غصن رئيسي |
| bourgeon (m) | borʿom (m) | برعم |
| aiguille (f) | ʃawka (f) | شوكة |
| pomme (f) de pin | kūz el ṣnowbar (m) | كوز الصنوبر |
| creux (m) | gofe (m) | جوف |
| nid (m) | ʿeʃ (m) | عشّ |
| terrier (m) (~ d'un renard) | goḥr (m) | جحر |
| tronc (m) | gezʿ (m) | جذع |
| racine (f) | gezr (m) | جذر |
| écorce (f) | leḥāʾ (m) | لحاء |
| mousse (f) | ṭaḥlab (m) | طحلب |
| déraciner (vt) | eqtalaʿ | إقتلع |
| abattre (un arbre) | ʾaṭṭaʿ | قطّع |
| déboiser (vt) | azāl el ɣabāt | أزال الغابات |
| souche (f) | gezʿ el ʃagara (m) | جذع الشجرة |
| feu (m) de bois | nār moχayem (m) | نار مخيّم |
| incendie (m) | ḥarīʾ ɣāba (m) | حريق غابة |

| | | |
|---|---|---|
| éteindre (feu) | ṭaffa | طفّى |
| garde (m) forestier | ḥāres el ɣāba (m) | حارس الغابة |
| protection (f) | ḥemāya (f) | حماية |
| protéger (vt) | ḥama | حمى |
| braconnier (m) | sāre' el ṣeyd (m) | سارق الصيد |
| piège (m) à mâchoires | maṣyada (f) | مصيّدة |
| | | |
| cueillir (vt) | gamma' | جمّع |
| s'égarer (vp) | tāh | تاه |

## 84. Les ressources naturelles

| | | |
|---|---|---|
| ressources (f pl) naturelles | sarawāt ṭabi'iya (pl) | ثروات طبيعيّة |
| minéraux (m pl) | ma'āden (pl) | معادن |
| gisement (m) | rawāseb (pl) | رواسب |
| champ (m) (~ pétrolifère) | ḥaql (m) | حقل |
| | | |
| extraire (vt) | estaχrag | إستخرج |
| extraction (f) | esteχrāg (m) | إستخراج |
| minerai (m) | χām (m) | خام |
| mine (f) (site) | mangam (m) | منجم |
| puits (m) de mine | mangam (m) | منجم |
| mineur (m) | 'āmel mangam (m) | عامل منجم |
| | | |
| gaz (m) | ɣāz (m) | غاز |
| gazoduc (m) | χaṭṭ anabīb ɣāz (m) | خطّ أنابيب غاز |
| | | |
| pétrole (m) | nafṭ (m) | نفط |
| pipeline (m) | anabīb el nafṭ (pl) | أنابيب النفط |
| tour (f) de forage | bīr el nafṭ (m) | بير النفط |
| derrick (m) | ḥaffāra (f) | حفّارة |
| pétrolier (m) | nāqelet betrūl (f) | ناقلة بترول |
| | | |
| sable (m) | raml (m) | رمل |
| calcaire (m) | ḥagar el kals (m) | حجر الكلس |
| gravier (m) | ḥaṣa (m) | حصى |
| tourbe (f) | χaθ faḥm nabāty (m) | خث فحم نباتي |
| argile (f) | ṭīn (m) | طين |
| charbon (m) | faḥm (m) | فحم |
| | | |
| fer (m) | ḥadīd (m) | حديد |
| or (m) | dahab (m) | ذهب |
| argent (m) | faḍḍa (f) | فضّة |
| nickel (m) | nikel (m) | نيكل |
| cuivre (m) | neḥās (m) | نحاس |
| | | |
| zinc (m) | zink (m) | زنك |
| manganèse (m) | manganīz (m) | منجنيز |
| mercure (m) | ze'baq (m) | زئبق |
| plomb (m) | roṣāṣ (m) | رصاص |

| | | |
|---|---|---|
| minéral (m) | ma'dan (m) | معدن |
| cristal (m) | kristāl (m) | كريستال |
| marbre (m) | roχām (m) | رخام |
| uranium (m) | yuranuim (m) | يورانيوم |

## 85. Le temps

| | | |
|---|---|---|
| temps (m) | ṭa's (m) | طقس |
| météo (f) | naʃra gawiya (f) | نشرة جويّة |
| température (f) | ḥarāra (f) | حرارة |
| thermomètre (m) | termometr (m) | ترمومتر |
| baromètre (m) | barometr (m) | بارومتر |
| humide (adj) | roṭob | رطب |
| humidité (f) | roṭūba (f) | رطوبة |
| chaleur (f) (canicule) | ḥarāra (f) | حرارة |
| torride (adj) | ḥarr | حارّ |
| il fait très chaud | el gaww ḥarr | الجّو حرّ |
| il fait chaud | el gaww dafa | الجوّ دفا |
| chaud (modérément) | dāfe' | دافئ |
| il fait froid | el gaww bāred | الجوّ بارد |
| froid (adj) | bāred | بارد |
| soleil (m) | ʃams (f) | شمس |
| briller (soleil) | nawwar | نوّر |
| ensoleillé (jour ~) | moʃmes | مشمس |
| se lever (vp) | ʃara' | شرق |
| se coucher (vp) | ɣarab | غرب |
| nuage (m) | saḥāba (f) | سحابة |
| nuageux (adj) | meɣayem | مغيّم |
| nuée (f) | saḥābet maṭar (f) | سحابة مطر |
| sombre (adj) | meɣayem | مغيّم |
| pluie (f) | maṭar (m) | مطر |
| il pleut | el donia betmaṭṭar | الدنيا بتمطّر |
| pluvieux (adj) | momṭer | ممطر |
| bruiner (v imp) | maṭṭaret razāz | مطّرت رذاذ |
| pluie (f) torrentielle | maṭar monhamer (f) | مطر منهمر |
| averse (f) | maṭar ɣazīr (m) | مطر غزير |
| forte (la pluie ~) | ʃedīd | شديد |
| flaque (f) | berka (f) | بركة |
| se faire mouiller | ettbal | إتّبل |
| brouillard (m) | ʃabbūra (f) | شبّورة |
| brumeux (adj) | fih ʃabbūra | فيه شبّورة |
| neige (f) | talg (m) | ثلج |
| il neige | fih talg | فيه ثلج |

## 86. Les intempéries. Les catastrophes naturelles

| | | |
|---|---|---|
| orage (m) | ʿāṣefa raʿdiya (f) | عاصفة رعدية |
| éclair (m) | barʾ (m) | برق |
| éclater (foudre) | baraq | برق |
| tonnerre (m) | raʿd (m) | رعد |
| gronder (tonnerre) | dawa | دوّى |
| le tonnerre gronde | el samāʾ dawat raʿd (f) | السماء دوّت رعد |
| grêle (f) | maṭar bard (m) | مطر برد |
| il grêle | maṭṭaret bard | مطّرت برد |
| inonder (vt) | ɣamar | غمر |
| inondation (f) | fayaḍān (m) | فيضان |
| tremblement (m) de terre | zelzāl (m) | زلزال |
| secousse (f) | hazza arḍiya (f) | هزّة أرضية |
| épicentre (m) | markaz el zelzāl (m) | مركز الزلزال |
| éruption (f) | sawarān (m) | ثوران |
| lave (f) | ḥomam borkāniya (pl) | حمم بركانية |
| tourbillon (m), tornade (f) | eʿṣār (m) | إعصار |
| typhon (m) | tyfūn (m) | طوفان |
| ouragan (m) | eʿṣār (m) | إعصار |
| tempête (f) | ʿāṣefa (f) | عاصفة |
| tsunami (m) | tsunāmy (m) | تسونامي |
| cyclone (m) | eʿṣār (m) | إعصار |
| intempéries (f pl) | ṭaʾs sayeʾ (m) | طقس سئ |
| incendie (m) | ḥarīʾ (m) | حريق |
| catastrophe (f) | karsa (f) | كارثة |
| météorite (m) | nayzek (m) | نيّزك |
| avalanche (f) | enheyār talgy (m) | إنهيار ثلجي |
| éboulement (m) | enheyār talgy (m) | إنهيار ثلجي |
| blizzard (m) | ʿāṣefa talgiya (f) | عاصفة ثلجيّة |
| tempête (f) de neige | ʿāṣefa talgiya (f) | عاصفة ثلجيّة |

# LA FAUNE

T&P Books Publishing

## 87. Les mammifères. Les prédateurs

| | | |
|---|---|---|
| prédateur (m) | moftares (m) | مفترس |
| tigre (m) | nemr (m) | نمر |
| lion (m) | asad (m) | أسد |
| loup (m) | ze'b (m) | ذئب |
| renard (m) | ta'lab (m) | ثعلب |
| jaguar (m) | nemr amrīky (m) | نمر أمريكي |
| léopard (m) | fahd (m) | فهد |
| guépard (m) | fahd ṣayād (m) | فهد صيّاد |
| panthère (f) | nemr aswad (m) | نمر أسوَد |
| puma (m) | asad el gebāl (m) | أسد الجبال |
| léopard (m) de neiges | nemr el tolūg (m) | نمر الثلوج |
| lynx (m) | waʃaq (m) | وشق |
| coyote (m) | qayūṭ (m) | قيوط |
| chacal (m) | ebn 'āwy (m) | ابن آوى |
| hyène (f) | ḍeb' (m) | ضبع |

## 88. Les animaux sauvages

| | | |
|---|---|---|
| animal (m) | ḥayawān (m) | حيوان |
| bête (f) | waḥʃ (m) | وحش |
| écureuil (m) | sengāb (m) | سنجاب |
| hérisson (m) | qonfoz (m) | قنفذ |
| lièvre (m) | arnab barry (m) | أرنب برّي |
| lapin (m) | arnab (m) | أرنب |
| blaireau (m) | ɣarīr (m) | غرير |
| raton (m) | rakūn (m) | راكون |
| hamster (m) | hamster (m) | هامستر |
| marmotte (f) | marmoṭ (m) | مرموط |
| taupe (f) | χold (m) | خلد |
| souris (f) | fār (m) | فأر |
| rat (m) | gerz (m) | جرذ |
| chauve-souris (f) | χoffāʃ (m) | خفّاش |
| hermine (f) | qāqem (m) | قاقِم |
| zibeline (f) | sammūr (m) | سمّور |
| martre (f) | fara'īāt (m) | فرائيات |

| | | |
|---|---|---|
| belette (f) | ebn ʿers (m) | ابن عرس |
| vison (m) | mink (m) | منك |
| castor (m) | qondos (m) | قندس |
| loutre (f) | taʿlab maya (m) | ثعلب الميّة |
| cheval (m) | ḥoṣān (m) | حصان |
| élan (m) | eyl el mūz (m) | أيّل الموظ |
| cerf (m) | ayl (m) | أيل |
| chameau (m) | gamal (m) | جمل |
| bison (m) | bison (m) | بيسون |
| aurochs (m) | byson orobby (m) | بيسون أوروبي |
| buffle (m) | gamūs (m) | جاموس |
| zèbre (m) | ḥomār waḥʃy (m) | حمار وحشي |
| antilope (f) | ẓaby (m) | ظبي |
| chevreuil (m) | yaḥmūr orobby (m) | يحمورأوروبيّ |
| biche (f) | eyl asmar orobby (m) | أيّل أسمر أوروبي |
| chamois (m) | ʃamwah (f) | شامواه |
| sanglier (m) | χenzīr barry (m) | خنزير برّي |
| baleine (f) | ḥūt (m) | حوت |
| phoque (m) | foqma (f) | فقمة |
| morse (m) | el kabʿ (m) | الكبع |
| ours (m) de mer | foqmet el farāʾ (f) | فقمة الفراء |
| dauphin (m) | dolfīn (m) | دولفين |
| ours (m) | dobb (m) | دبّ |
| ours (m) blanc | dobb ʾoṭṭby (m) | دبّ قطبي |
| panda (m) | banda (m) | باندا |
| singe (m) | ʾerd (m) | قرد |
| chimpanzé (m) | ʃimbanzy (m) | شيمبانزي |
| orang-outang (m) | orangutan (m) | أورنغوتان |
| gorille (m) | ɣorella (f) | غوريلا |
| macaque (m) | ʾerd el makāk (m) | قرد المكاك |
| gibbon (m) | gibbon (m) | جيبون |
| éléphant (m) | fīl (m) | فيل |
| rhinocéros (m) | χartīt (m) | خرتيت |
| girafe (f) | zarāfa (f) | زرافة |
| hippopotame (m) | faras el nahr (m) | فرس النهر |
| kangourou (m) | kangarū (m) | كانجّارو |
| koala (m) | el koala (m) | الكوالا |
| mangouste (f) | nems (m) | نمس |
| chinchilla (m) | ʃenʃīla (f) | شنشيلة |
| mouffette (f) | ẓerbān (m) | ظربان |
| porc-épic (m) | nīṣ (m) | نيص |

## 89. Les animaux domestiques

| | | |
|---|---|---|
| chat (m) (femelle) | ʾoṭṭa (f) | قطّة |
| chat (m) (mâle) | ʾoṭṭ (m) | قطّ |
| chien (m) | kalb (m) | كلب |
| cheval (m) | ḥoṣān (m) | حصان |
| étalon (m) | χeyl faḥl (m) | خيل فحل |
| jument (f) | faras (f) | فرس |
| vache (f) | baʾara (f) | بقرة |
| taureau (m) | sore (m) | ثور |
| bœuf (m) | sore (m) | ثور |
| brebis (f) | χarūf (f) | خروف |
| mouton (m) | kebʃ (m) | كبش |
| chèvre (f) | meʿza (f) | معزة |
| bouc (m) | māʿez zakar (m) | ماعز ذكر |
| âne (m) | ḥomār (m) | حمار |
| mulet (m) | baɣl (m) | بغل |
| cochon (m) | χenzīr (m) | خنزير |
| pourceau (m) | χannūṣ (m) | خنّوص |
| lapin (m) | arnab (m) | أرنب |
| poule (f) | farχa (f) | فرخة |
| coq (m) | dīk (m) | ديك |
| canard (m) | baṭṭa (f) | بطّة |
| canard (m) mâle | dakar el baṭṭ (m) | ذكر البط |
| oie (f) | wezza (f) | وزّة |
| dindon (m) | dīk rūmy (m) | ديك رومي |
| dinde (f) | dīk rūmy (m) | ديك رومي |
| animaux (m pl) domestiques | ḥayawānāt dawāgen (pl) | حيوانات دواجن |
| apprivoisé (adj) | alīf | أليف |
| apprivoiser (vt) | rawweḍ | روّض |
| élever (vt) | rabba | ربّى |
| ferme (f) | mazraʿa (f) | مزرعة |
| volaille (f) | dawāgen (pl) | دواجن |
| bétail (m) | māʃeya (f) | ماشية |
| troupeau (m) | qaṭeeʿ (m) | قطيع |
| écurie (f) | esṭabl χeyl (m) | إسطبل خيل |
| porcherie (f) | ḥazīret χanazīr (f) | حظيرة الخنازير |
| vacherie (f) | zerībet el baʾar (f) | زريبة البقر |
| cabane (f) à lapins | qan el arāneb (m) | قن الأرانب |
| poulailler (m) | qan el ferāχ (m) | قن الفراخ |

## 90. Les oiseaux

| | | |
|---|---|---|
| oiseau (m) | ṭā'er (m) | طائر |
| pigeon (m) | ḥamāma (f) | حمامة |
| moineau (m) | 'aṣfūr dawri (m) | عصفور دوري |
| mésange (f) | qarqaf (m) | قرقف |
| pie (f) | 'a''a' (m) | عقعق |
| corbeau (m) | ɣorāb aswad (m) | غراب أسود |
| corneille (f) | ɣorāb (m) | غراب |
| choucas (m) | zāɣ zar'y (m) | زاغ زرعي |
| freux (m) | ɣorāb el qeyẓ (m) | غراب القيظ |
| canard (m) | baṭṭa (f) | بطّة |
| oie (f) | wezza (f) | وزّة |
| faisan (m) | tadarrog (m) | تدرج |
| aigle (m) | 'eqāb (m) | عقاب |
| épervier (m) | el bāz (m) | الباز |
| faucon (m) | ṣa'r (m) | صقر |
| vautour (m) | nesr (m) | نسر |
| condor (m) | kondor (m) | كندور |
| cygne (m) | el temm (m) | التمّ |
| grue (f) | karkiya (m) | كركية |
| cigogne (f) | loqloq (m) | لقلق |
| perroquet (m) | babaɣā' (m) | ببغاء |
| colibri (m) | ṭannān (m) | طنّان |
| paon (m) | ṭawūs (m) | طاووس |
| autruche (f) | na'āma (f) | نعامة |
| héron (m) | belʃone (m) | بلشون |
| flamant (m) | flamingo (m) | فلامينجو |
| pélican (m) | bag'a (f) | بجعة |
| rossignol (m) | 'andalīb (m) | عندليب |
| hirondelle (f) | el sonūnū (m) | السنونو |
| merle (m) | somnet el ḥoqūl (m) | سمنة الحقول |
| grive (f) | somna moɣarreda (m) | سمنة مغرّدة |
| merle (m) noir | ʃaḥrūr aswad (m) | شحرور أسود |
| martinet (m) | semmāma (m) | سمّامة |
| alouette (f) des champs | qabra (f) | قبرة |
| caille (f) | semmān (m) | سمّان |
| pivert (m) | na'ār el χaʃab (m) | نقار الخشب |
| coucou (m) | weqwāq (m) | وقواق |
| chouette (f) | būma (f) | بومة |
| hibou (m) | būm orāsy (m) | بوم أوراسي |

| | | |
|---|---|---|
| tétras (m) | dīk el χalang (m) | ديك الخلنج |
| tétras-lyre (m) | ṭyhūg aswad (m) | طيهوج أسوَد |
| perdrix (f) | el ḥagal (m) | الحجل |
| | | |
| étourneau (m) | zerzūr (m) | زرزور |
| canari (m) | kanāry (m) | كناري |
| gélinotte (f) des bois | ṭyhūg el bondo' (m) | طيهوج البندق |
| pinson (m) | ʃarʃūr (m) | شرشور |
| bouvreuil (m) | deɣnāʃ (m) | دغناش |
| | | |
| mouette (f) | nawras (m) | نورس |
| albatros (m) | el qoṭros (m) | القطرس |
| pingouin (m) | beṭrīq (m) | بطريق |

## 91. Les poissons. Les animaux marins

| | | |
|---|---|---|
| brème (f) | abramīs (m) | أبراميس |
| carpe (f) | ʃabbūṭ (m) | شبّوط |
| perche (f) | farχ (m) | فرخ |
| silure (m) | 'armūṭ (m) | قرموط |
| brochet (m) | karāky (m) | كراكي |
| | | |
| saumon (m) | salamon (m) | سلمون |
| esturgeon (m) | ḥafʃ (m) | حفش |
| | | |
| hareng (m) | renga (f) | رنجة |
| saumon (m) atlantique | salamon aṭlasy (m) | سلمون أطلسي |
| maquereau (m) | makerel (m) | ماكريل |
| flet (m) | samak mefalṭah (f) | سمك مفلطح |
| | | |
| sandre (f) | samak sandar (m) | سمك سندر |
| morue (f) | el qadd (m) | القد |
| thon (m) | tuna (f) | تونة |
| truite (f) | salamon mera''aṭ (m) | سلمون مرقّط |
| | | |
| anguille (f) | ḥankalīs (m) | حنكليس |
| torpille (f) | ra'ād (m) | رعاد |
| murène (f) | moraya (f) | موراييّة |
| piranha (m) | bīrana (f) | بيرانا |
| | | |
| requin (m) | 'erʃ (m) | قرش |
| dauphin (m) | dolfīn (m) | دولفين |
| baleine (f) | ḥūt (m) | حوت |
| | | |
| crabe (m) | kaboria (m) | كابوريا |
| méduse (f) | 'andīl el baḥr (m) | قنديل البحر |
| pieuvre (f), poulpe (m) | aχṭabūṭ (m) | أخطبوط |
| | | |
| étoile (f) de mer | negmet el baḥr (f) | نجمة البحر |
| oursin (m) | qonfoz el baḥr (m) | قنفذ البحر |

| | | |
|---|---|---|
| hippocampe (m) | ḥoṣān el baḥr (m) | حصان البحر |
| huître (f) | maḥār (m) | محار |
| crevette (f) | gammbary (m) | جمَبري |
| homard (m) | estakoza (f) | استكوزا |
| langoustine (f) | estakoza (m) | استاكوزا |

## 92. Les amphibiens. Les reptiles

| | | |
|---|---|---|
| serpent (m) | te'bān (m) | ثعبان |
| venimeux (adj) | sām | سام |
| vipère (f) | af'a (f) | أفعى |
| cobra (m) | kobra (m) | كوبرا |
| python (m) | te'bān byton (m) | ثعبان بايثون |
| boa (m) | bawā' el 'aṣera (f) | بواء العاصرة |
| couleuvre (f) | te'bān el 'oʃb (m) | ثعبان العشب |
| serpent (m) à sonnettes | af'a megalgela (f) | أفعى مجلجلة |
| anaconda (m) | anakonda (f) | أناكوندا |
| lézard (m) | seḥliya (f) | سحليّة |
| iguane (m) | eɣwana (f) | إغوانة |
| varan (m) | warl (m) | ورل |
| salamandre (f) | salamander (m) | سلمندر |
| caméléon (m) | ḥerbāya (f) | حرباية |
| scorpion (m) | 'a'rab (m) | عقرب |
| tortue (f) | solḥefah (f) | سلحفاة |
| grenouille (f) | ḍeffḍa' (m) | ضفدع |
| crapaud (m) | ḍeffḍa' el ṭeyn (m) | ضفدع الطين |
| crocodile (m) | temsāḥ (m) | تمساح |

## 93. Les insectes

| | | |
|---|---|---|
| insecte (m) | ḥaʃara (f) | حشرة |
| papillon (m) | farāʃa (f) | فراشة |
| fourmi (f) | namla (f) | نملة |
| mouche (f) | debbāna (f) | دبّانة |
| moustique (m) | namūsa (f) | ناموسة |
| scarabée (m) | χonfesa (f) | خنفسة |
| guêpe (f) | dabbūr (m) | دبّور |
| abeille (f) | naḥla (f) | نحلة |
| bourdon (m) | naḥla ṭannāna (f) | نحلة طنّانة |
| œstre (m) | na'ra (f) | نعرة |
| araignée (f) | 'ankabūt (m) | عنكبوت |
| toile (f) d'araignée | nasīg 'ankabūt (m) | نسيج عنكبوت |

| | | |
|---|---|---|
| libellule (f) | ya'sūb (m) | يعسوب |
| sauterelle (f) | garād (m) | جراد |
| papillon (m) | 'etta (f) | عثّة |
| cafard (m) | ṣarṣūr (m) | صرصور |
| tique (f) | qarāda (f) | قرادة |
| puce (f) | barɣūt (m) | برغوث |
| moucheron (m) | ba'ūḍa (f) | بعوضة |
| criquet (m) | garād (m) | جراد |
| escargot (m) | ḥalazōn (m) | حلزون |
| grillon (m) | ṣarṣūr el ḥaql (m) | صرصور الحقل |
| luciole (f) | yarā'a (f) | يراعة |
| coccinelle (f) | χonfesa mena'ṭṭa (f) | خنفسة منقّطة |
| hanneton (m) | χonfesa motlefa lel nabāt (f) | خنفسة متّلفة للنبات |
| sangsue (f) | 'alaqa (f) | علقة |
| chenille (f) | yasrū' (m) | يسروع |
| ver (m) | dūda (f) | دودة |
| larve (f) | yaraqa (f) | يرقة |

# LA FLORE

T&P Books Publishing

## 94. Les arbres

| | | |
|---|---|---|
| arbre (m) | ʃagara (f) | شجرة |
| à feuilles caduques | nafḍiya | نفضيّة |
| conifère (adj) | ṣonoberiya | صنوبرية |
| à feuilles persistantes | dā'emet el χoḍra | دائمة الخضرة |
| pommier (m) | ʃagaret toffāḥ (f) | شجرة تفّاح |
| poirier (m) | ʃagaret komettra (f) | شجرة كمثّرى |
| merisier (m), cerisier (m) | ʃagaret karaz (f) | شجرة كرز |
| prunier (m) | ʃagaret bar'ū' (f) | شجرة برقوق |
| bouleau (m) | batola (f) | بتولا |
| chêne (m) | ballūṭ (f) | بلّوط |
| tilleul (m) | zayzafūn (f) | زيزفون |
| tremble (m) | ḥūr rāgef | حور راجف |
| érable (m) | qayqab (f) | قيقب |
| épicéa (m) | rateng (f) | راتينج |
| pin (m) | ṣonober (f) | صنوبر |
| mélèze (m) | arziya (f) | أرزية |
| sapin (m) | tanūb (f) | تنوب |
| cèdre (m) | el orz (f) | الأرز |
| peuplier (m) | ḥūr (f) | حور |
| sorbier (m) | ɣobayrā' (f) | غبيراء |
| saule (m) | ṣefsāf (f) | صفصاف |
| aune (m) | gār el mā' (m) | جار الماء |
| hêtre (m) | el zān (f) | الزان |
| orme (m) | derdar (f) | دردار |
| frêne (m) | marān (f) | مران |
| marronnier (m) | kastanā' (f) | كستناء |
| magnolia (m) | maɣnolia (f) | ماغنوليا |
| palmier (m) | naχla (f) | نخلة |
| cyprès (m) | el soro (f) | السرو |
| palétuvier (m) | mangrūf (f) | مانجروف |
| baobab (m) | baobab (f) | باوباب |
| eucalyptus (m) | eukalyptus (f) | أوكالبتوس |
| séquoia (m) | sequoia (f) | سيكويا |

## 95. Les arbustes

| | | |
|---|---|---|
| buisson (m) | ʃogeyra (f) | شجيرة |
| arbrisseau (m) | ʃogayrāt (pl) | شجيرات |
| vigne (f) | karma (f) | كرمة |
| vigne (f) (vignoble) | karam (m) | كرم |
| framboise (f) | zarʿet tūt el ʿalīʾ el aḥmar (f) | زرعة توت العليق الأحمر |
| groseille (f) rouge | keʃmeʃ aḥmar (m) | كشمش أحمر |
| groseille (f) verte | ʿenab el saʿlab (m) | عنب الثعلب |
| acacia (m) | aqaqia (f) | أقاقيا |
| berbéris (m) | berbarīs (m) | برباريس |
| jasmin (m) | yasmīn (m) | ياسمين |
| genévrier (m) | ʿarʿar (m) | عرعر |
| rosier (m) | ʃogeyret ward (f) | شجيرة ورد |
| églantier (m) | ward el seyāg (pl) | ورد السياج |

## 96. Les fruits. Les baies

| | | |
|---|---|---|
| fruit (m) | tamra (f) | ثمرة |
| fruits (m pl) | tamr (m) | ثمر |
| pomme (f) | toffāḥa (f) | تفّاحة |
| poire (f) | komettra (f) | كمّثرى |
| prune (f) | barʾūʾ (m) | برقوق |
| fraise (f) | farawla (f) | فراولة |
| merise (f), cerise (f) | karaz (m) | كرز |
| raisin (m) | ʿenab (m) | عنب |
| framboise (f) | tūt el ʿalīʾ el aḥmar (m) | توت العليق الأحمر |
| cassis (m) | keʃmeʃ aswad (m) | كشمش أسود |
| groseille (f) rouge | keʃmeʃ aḥmar (m) | كشمش أحمر |
| groseille (f) verte | ʿenab el saʿlab (m) | عنب الثعلب |
| canneberge (f) | ʿenabiya ḥāda el χebāʾ (m) | عنبية حادة الخباء |
| orange (f) | bortoqāl (m) | برتقال |
| mandarine (f) | yosfy (m) | يوسفي |
| ananas (m) | ananās (m) | أناناس |
| banane (f) | moze (m) | موز |
| datte (f) | tamr (m) | تمر |
| citron (m) | lymūn (m) | ليمون |
| abricot (m) | meʃmeʃ (f) | مشمش |
| pêche (f) | χawχa (f) | خوخة |
| kiwi (m) | kiwi (m) | كيوي |
| pamplemousse (m) | grabe frūt (m) | جريب فروت |

| | | |
|---|---|---|
| baie (f) | tūt (m) | توت |
| baies (f pl) | tūt (pl) | توت |
| airelle (f) rouge | ʿenab el sore (m) | عنب الثور |
| fraise (f) des bois | farawla barriya (f) | فراولة برّيّة |
| myrtille (f) | ʿenab al aḥrāg (m) | عنب الأحراج |

## 97. Les fleurs. Les plantes

| | | |
|---|---|---|
| fleur (f) | zahra (f) | زهرة |
| bouquet (m) | bokeyh (f) | بوكيه |
| rose (f) | warda (f) | وردة |
| tulipe (f) | tolīb (f) | توليب |
| oeillet (m) | ʾoronfol (m) | قرنفل |
| glaïeul (m) | el dalbūs (f) | الدَلَبُوث |
| bleuet (m) | qanṭeryūn ʿanbary (m) | قنطريون عنبري |
| campanule (f) | garīs mostadīr el awrāʾ (m) | جريس مستدير الأوراق |
| dent-de-lion (f) | handabāʾ (f) | هندباء |
| marguerite (f) | kamomile (f) | كاموميل |
| aloès (m) | el alowa (m) | الألوّة |
| cactus (m) | ṣabbār (m) | صبّار |
| ficus (m) | faykas (m) | فيّكس |
| lis (m) | zanbaq (f) | زنبق |
| géranium (m) | ɣarnūqy (f) | غرنوقي |
| jacinthe (f) | el lavender (f) | اللافندر |
| mimosa (m) | mimoza (f) | ميموزا |
| jonquille (f) | nerges (f) | نرجس |
| capucine (f) | abo χangar (f) | أبو خنجر |
| orchidée (f) | orkid (f) | أوركيد |
| pivoine (f) | fawnia (f) | فاوانيا |
| violette (f) | el banafseg (f) | البنفسج |
| pensée (f) | bansy (f) | بانسي |
| myosotis (m) | ʾāzān el faʾr (pl) | آذان الفأر |
| pâquerette (f) | aqwaḥān (f) | أقحوان |
| coquelicot (m) | el χoʃχāʃ (f) | الخشخاش |
| chanvre (m) | qanb (m) | قنب |
| menthe (f) | neʿnāʿ (m) | نعناع |
| muguet (m) | zanbaq el wādy (f) | زنبق الوادي |
| perce-neige (f) | zahrat el laban (f) | زهرة اللبن |
| ortie (f) | ʾarrāṣ (m) | قرّاص |
| oseille (f) | ḥammāḍ bostāny (m) | حمّاض بستاني |

| | | |
|---|---|---|
| nénuphar (m) | niloferiya (f) | نيلوفرية |
| fougère (f) | sarχas (m) | سرخس |
| lichen (m) | aʃna (f) | أشنة |
| serre (f) tropicale | ṣoba (f) | صوبة |
| gazon (m) | ʿoʃb aχḍar (m) | عشب أخضر |
| parterre (m) de fleurs | geneynet zohūr (f) | جنينة زهور |
| plante (f) | nabāt (m) | نبات |
| herbe (f) | ʿoʃb (m) | عشب |
| brin (m) d'herbe | ʿoʃba (f) | عشبة |
| feuille (f) | waraʾa (f) | ورقة |
| pétale (m) | waraʾet el zahra (f) | ورقة الزهرة |
| tige (f) | sāq (f) | ساق |
| tubercule (m) | darna (f) | درنة |
| pousse (f) | nabta saɣīra (f) | نبتة صغيرة |
| épine (f) | ʃawka (f) | شوكة |
| fleurir (vi) | fattaḥet | فتّحت |
| se faner (vp) | debel | ذبل |
| odeur (f) | rīḥa (f) | ريحة |
| couper (vt) | ʾaṭaʿ | قطع |
| cueillir (fleurs) | ʾaṭaf | قطف |

## 98. Les céréales

| | | |
|---|---|---|
| grains (m pl) | ḥobūb (pl) | حبوب |
| céréales (f pl) (plantes) | maḥaṣīl el ḥubūb (pl) | محاصيل الحبوب |
| épi (m) | sonbola (f) | سنبلة |
| blé (m) | ʾamḥ (m) | قمح |
| seigle (m) | ʃelm mazrūʿ (m) | شيلم مزروع |
| avoine (f) | ʃofān (m) | شوفان |
| millet (m) | el deχn (m) | الدخن |
| orge (f) | ʃeʿīr (m) | شعير |
| maïs (m) | dora (f) | ذرة |
| riz (m) | rozz (m) | رزّ |
| sarrasin (m) | ḥanṭa sodaʾ (f) | حنطة سوداء |
| pois (m) | besella (f) | بسلّة |
| haricot (m) | faṣolya (f) | فاصوليا |
| soja (m) | fūl el ṣoya (m) | فول الصويا |
| lentille (f) | ʿads (m) | عدس |
| fèves (f pl) | fūl (m) | فول |

# LES PAYS DU MONDE

T&P Books Publishing

## 99. Les pays du monde. Partie 1

| | | |
|---|---|---|
| Afghanistan (m) | afɣanistan (f) | أفغانستان |
| Albanie (f) | albānia (f) | ألبانيا |
| Allemagne (f) | almānya (f) | ألمانيا |
| Angleterre (f) | engeltera (f) | إنجلترا |
| Arabie (f) Saoudite | el soʿodiya (f) | السعوديّة |
| Argentine (f) | arʒantīn (f) | الأرجنتين |
| Arménie (f) | armīnia (f) | أرمينيا |
| Australie (f) | ostorālya (f) | أستراليا |
| Autriche (f) | el nemsa (f) | النمسا |
| Azerbaïdjan (m) | azrabiʒān (m) | أذربيجان |

| | | |
|---|---|---|
| Bahamas (f pl) | gozor el bahāmas (pl) | جزر البهاماس |
| Bangladesh (m) | bangladeʃ (f) | بنجلاديش |
| Belgique (f) | balʒīka (f) | بلجيكا |
| Biélorussie (f) | belarūsia (f) | بيلاروسيا |
| Bolivie (f) | bolivia (f) | بوليفيا |
| Bosnie (f) | el bosna wel harsek (f) | البوسنة والهرسك |
| Brésil (m) | el barazīl (f) | البرازيل |
| Bulgarie (f) | bolɣāria (f) | بلغاريا |

| | | |
|---|---|---|
| Cambodge (m) | kambodya (f) | كمبوديا |
| Canada (m) | kanada (f) | كندا |
| Chili (m) | tʃīly (f) | تشيلي |
| Chine (f) | el ṣīn (f) | الصين |
| Chypre (m) | ʾobroṣ (f) | قبرص |
| Colombie (f) | kolombia (f) | كولومبيا |
| Corée (f) du Nord | korea el ʃamāliya (f) | كوريا الشماليّة |
| Corée (f) du Sud | korea el ganūbiya (f) | كوريا الجنوبيّة |
| Croatie (f) | kroātya (f) | كرواتيا |
| Cuba (f) | kūba (f) | كوبا |

| | | |
|---|---|---|
| Danemark (m) | el denmark (f) | الدنمارك |
| Écosse (f) | oskotlanda (f) | اسكتّلندا |
| Égypte (f) | maṣr (f) | مصر |
| Équateur (m) | el equador (f) | الإكوادور |
| Espagne (f) | asbānya (f) | إسبانيا |
| Estonie (f) | estūnia (f) | إستونيا |
| Les États Unis | el welayāt el mottaḥda el amrīkiya (pl) | الولايات المتّحدة الأمريكيّة |

| | | |
|---|---|---|
| Fédération (f) des Émirats Arabes Unis | el emārāt el ʿarabiya el mottaḥeda (pl) | الإمارات العربية المتّحدة |
| Finlande (f) | finlanda (f) | فنلندا |
| France (f) | faransa (f) | فرنسا |

| | | |
|---|---|---|
| Géorgie (f) | ʒorʒia (f) | جورجيا |
| Ghana (m) | ɣana (f) | غانا |
| Grande-Bretagne (f) | briṭaniya el ʻozma (f) | بريطانيا العظمى |
| Grèce (f) | el yunān (f) | اليونان |

## 100. Les pays du monde. Partie 2

| | | |
|---|---|---|
| Haïti (m) | haīti (f) | هايتي |
| Hongrie (f) | el magar (f) | المجر |
| Inde (f) | el hend (f) | الهند |
| Indonésie (f) | indonisya (f) | إندونيسيا |
| Iran (m) | iran (f) | إيران |
| Iraq (m) | el ʻerāq (m) | العراق |
| Irlande (f) | irelanda (f) | أيرلندا |
| Islande (f) | ʼāyslanda (f) | آيسلندا |
| Israël (m) | israʼīl (f) | إسرائيل |
| Italie (f) | eṭālia (f) | إيطاليا |
| Jamaïque (f) | ʒamayka (f) | جامايكا |
| Japon (m) | el yabān (f) | اليابان |
| Jordanie (f) | el ordon (m) | الأردن |
| Kazakhstan (m) | kazaχistān (f) | كازاخستان |
| Kenya (m) | kenya (f) | كينيا |
| Kirghizistan (m) | qirɣizestān (f) | قيرغيزستان |
| Koweït (m) | el kuweyt (f) | الكويت |
| Laos (m) | laos (f) | لاوس |
| Lettonie (f) | latvia (f) | لاتفيا |
| Liban (m) | lebnān (f) | لبنان |
| Libye (f) | libya (f) | ليبيا |
| Liechtenstein (m) | liʃtenʃtayn (m) | ليشتنشتاين |
| Lituanie (f) | litwānia (f) | ليتوانيا |
| Luxembourg (m) | luksemburg (f) | لوكسمبورج |
| Macédoine (f) | maqdūnia (f) | مقدونيا |
| Madagascar (f) | madaɣaʃkar (f) | مدغشقر |
| Malaisie (f) | malīzya (f) | ماليزيا |
| Malte (f) | malṭa (f) | مالطا |
| Maroc (m) | el maɣreb (m) | المغرب |
| Mexique (m) | el maksīk (f) | المكسيك |
| Moldavie (f) | moldāvia (f) | مولدافيا |
| Monaco (m) | monako (f) | موناكو |
| Mongolie (f) | manɣūlia (f) | منغوليا |
| Monténégro (m) | el gabal el aswad (m) | الجبل الأسوّد |
| Myanmar (m) | myanmar (f) | ميانمار |
| Namibie (f) | namibia (f) | ناميبيا |
| Népal (m) | nebāl (f) | نيبال |
| Norvège (f) | el nerwīg (f) | النرويج |

| | | |
|---|---|---|
| Nouvelle Zélande (f) | nyu zelanda (f) | نيوزيلندا |
| Ouzbékistan (m) | uzbakistān (f) | أوزبكستان |

## 101. Les pays du monde. Partie 3

| | | |
|---|---|---|
| Pakistan (m) | bakistān (f) | باكستان |
| Palestine (f) | felesṭīn (f) | فلسطين |
| Panamá (m) | banama (f) | بنما |
| Paraguay (m) | baraguay (f) | باراجواي |
| Pays-Bas (m) | holanda (f) | هولندا |
| Pérou (m) | beru (f) | بيرو |
| Pologne (f) | bolanda (f) | بولّندا |
| Polynésie (f) Française | bolenezia el faransiya (f) | بولينزيا الفرنسيّة |
| Portugal (m) | el bortoɣāl (f) | البرتغال |
| République (f) Dominicaine | gomhoriya el dominikan (f) | جمهوريّة الدومينيكان |
| République (f) Sud-africaine | afreqia el ganūbiya (f) | أفريقيا الجنوبيّة |
| République (f) Tchèque | gomhoriya el tʃīk (f) | جمهورية التشيك |
| Roumanie (f) | romānia (f) | رومانيا |
| Russie (f) | rūsya (f) | روسيا |
| Sénégal (m) | el senɣāl (f) | السنغال |
| Serbie (f) | ṣerbia (f) | صربيا |
| Slovaquie (f) | slovākia (f) | سلوفاكيا |
| Slovénie (f) | slovenia (f) | سلوفينيا |
| Suède (f) | el sweyd (f) | السويد |
| Suisse (f) | swesra (f) | سويسرا |
| Surinam (m) | surinam (f) | سورينام |
| Syrie (f) | soria (f) | سوريا |
| Tadjikistan (m) | ṭaʒīkistan (f) | طاجيكستان |
| Taïwan (m) | taywān (f) | تايوان |
| Tanzanie (f) | tanznia (f) | تنزانيا |
| Tasmanie (f) | tasmania (f) | تاسمانيا |
| Thaïlande (f) | tayland (f) | تايلاند |
| Tunisie (f) | tunis (f) | تونس |
| Turkménistan (m) | turkmānistān (f) | تركمانستان |
| Turquie (f) | turkia (f) | تركيا |
| Ukraine (f) | okrānia (f) | أوكرانيا |
| Uruguay (m) | uruguay (f) | أوروجواي |
| Vatican (m) | el vatikān (m) | الفاتيكان |
| Venezuela (f) | venzweyla (f) | فنزويلا |
| Vietnam (m) | vietnām (f) | فيتنام |
| Zanzibar (m) | zanʒibār (f) | زنجبار |

# GLOSSAIRE GASTRONOMIQUE

Cette section contient beaucoup de mots associés à la nourriture. Ce dictionnaire vous facilitera la tâche de comprendre le menu et de commander le bon plat au restaurant

T&P Books Publishing

# Français-l'arabe égyptien glossaire gastronomique

| | | |
|---|---|---|
| épi (m) | sonbola (f) | سنبلة |
| épice (f) | bahār (m) | بهار |
| épinard (m) | sabāneχ (m) | سبانخ |
| œuf (m) | beyḍa (f) | بيضة |
| abricot (m) | meʃmeʃ (f) | مشمش |
| addition (f) | ḥesāb (m) | حساب |
| ail (m) | tūm (m) | ثوم |
| airelle (f) rouge | ʿenab el sore (m) | عنب الثور |
| amande (f) | loze (m) | لوز |
| amanite (f) tue-mouches | feṭr amanīt el ṭāʾer (m) | فطر أمانيت الطائر |
| amer (adj) | morr | مر |
| ananas (m) | ananās (m) | أناناس |
| anguille (f) | ḥankalīs (m) | حنكليس |
| anis (m) | yansūn (m) | ينسون |
| apéritif (m) | ʃarāb (m) | شراب |
| appétit (m) | ʃahiya (f) | شهيّة |
| arrière-goût (m) | ṭaʿm ma baʿd el mazāq (m) | طعم ما بعد المذاق |
| artichaut (m) | χarʃūf (m) | خرشوف |
| asperge (f) | helione (m) | هليون |
| assiette (f) | ṭabaʾ (m) | طبق |
| aubergine (f) | bātengān (m) | باذنجان |
| avec de la glace | bel talg | بالتلج |
| avocat (m) | avokado (f) | افوكاتو |
| avoine (f) | ʃofān (m) | شوفان |
| bacon (m) | bakon (m) | بيكون |
| baie (f) | tūt (m) | توت |
| baies (f pl) | tūt (pl) | توت |
| banane (f) | moze (m) | موز |
| bar (m) | bār (m) | بار |
| barman (m) | bārman (m) | بارمان |
| basilic (m) | rīḥān (m) | ريحان |
| betterave (f) | bangar (m) | بنجر |
| beurre (m) | zebda (f) | زبدة |
| bière (f) | bīra (f) | بيرة |
| bière (f) blonde | bīra χafīfa (f) | بيرة خفيفة |
| bière (f) brune | bīra ɣamʾa (f) | بيرة غامقة |
| biscuit (m) | baskawīt (m) | بسكويت |
| blé (m) | ʾamḥ (m) | قمح |
| blanc (m) d'œuf | bayāḍ el beyḍ (m) | بياض البيض |
| boisson (f) non alcoolisée | maʃrūb ɣāzy (m) | مشروب غازي |
| boissons (f pl) alcoolisées | maʃrūbāt koḥūliya (pl) | مشروبات كحولية |
| bolet (m) bai | feṭr boleṭe (m) | فطر بوليط |

| | | |
|---|---|---|
| bolet (m) orangé | feṭr aḥmar (m) | فطر أحمر |
| bon (adj) | ḥelw | حلو |
| Bon appétit! | bel hana wel ʃefa! | بالهنا والشفا! |
| bonbon (m) | bonbony (m) | بونبوني |
| bouillie (f) | ʿaṣīda (f) | عصيدة |
| bouillon (m) | mara'a (m) | مرقة |
| brème (f) | abramīs (m) | أبراميس |
| brochet (m) | samak el karāky (m) | سمك الكراكي |
| brocoli (m) | brokkoli (m) | بركولي |
| cèpe (m) | feṭr boleṭe ma'kūl (m) | فطر بوليط مأكول |
| céleri (m) | karfas (m) | كرفس |
| céréales (f pl) | maḥaṣīl el ḥubūb (pl) | محاصيل الحبوب |
| cacahuète (f) | fūl sudāny (m) | فول سوداني |
| café (m) | 'ahwa (f) | قهوة |
| café (m) au lait | 'ahwa bel ḥalīb (f) | قهوة بالحليب |
| café (m) noir | 'ahwa sāda (f) | قهوة سادة |
| café (m) soluble | neskafe (m) | نيسكافيه |
| calamar (m) | kalmāry (m) | كالماري |
| calorie (f) | soʿra ḥarāriya (f) | سعرة حراريّة |
| canard (m) | baṭṭa (f) | بطّة |
| canneberge (f) | ʿenabiya ḥāda el χebā' (m) | عنبية حادة الخباء |
| cannelle (f) | 'erfa (f) | قرفة |
| cappuccino (m) | kaputʃino (m) | كابتشينو |
| carotte (f) | gazar (m) | جزر |
| carpe (f) | ʃabbūṭ (m) | شبّوط |
| carte (f) | qā'emet el ṭaʿām (f) | قائمة طعام |
| carte (f) des vins | qā'emet el χomūr (f) | قائمة خمور |
| cassis (m) | keʃmeʃ aswad (m) | كشمش أسود |
| caviar (m) | kaviar (m) | كافيار |
| champagne (m) | ʃambania (f) | شمبانيا |
| champignon (m) | feṭr (f) | فطر |
| champignon (m) comestible | feṭr ṣāleḥ lel akl (m) | فطر صالح للأكل |
| champignon (m) vénéneux | feṭr sām (m) | فطر سام |
| chaud (adj) | soχn | سخن |
| chocolat (m) | ʃokolāta (f) | شكولاتة |
| chou (m) | koronb (m) | كرنب |
| chou (m) de Bruxelles | koronb broksel (m) | كرنب بروكسل |
| chou-fleur (m) | 'arnabīṭ (m) | قرنبيط |
| citron (m) | lymūn (m) | ليمون |
| clou (m) de girofle | 'oronfol (m) | قرنفل |
| cocktail (m) | koktayl (m) | كوكتيل |
| cocktail (m) au lait | milk ʃejk (m) | ميلك شيك |
| cognac (m) | konyāk (m) | كونياك |
| concombre (m) | χeyār (m) | خيار |
| condiment (m) | bahār (m) | بهار |
| confiserie (f) | ḥalawīāt (pl) | حلويّات |
| confiture (f) | mrabba (m) | مربى |
| confiture (f) | mrabba (m) | مربى |
| congelé (adj) | mogammad | مجمّد |
| conserves (f pl) | moʿallabāt (pl) | معلّبات |

| | | |
|---|---|---|
| coriandre (m) | kozbora (f) | كزبرة |
| courgette (f) | kōsa (f) | كوسة |
| couteau (m) | sekkīna (f) | سكّينة |
| crème (f) | krīma (f) | كريمة |
| crème (f) aigre | kreyma ḥamḍa (f) | كريمة حامضة |
| crème (f) au beurre | krīmet zebda (f) | كريمة زبدة |
| crabe (m) | kaboria (m) | كابوريا |
| crevette (f) | gammbary (m) | جمبري |
| cuillère (f) | maʿlaʾa (f) | معلقة |
| cuillère (f) à soupe | maʿlaʾa kebīra (f) | ملعقة كبيرة |
| cuisine (f) | maṭbaχ (m) | مطبخ |
| cuisse (f) | faχd χanzīr (m) | فخد خنزير |
| cuit à l'eau (adj) | maslūʾ | مسلوق |
| cumin (m) | karawya (f) | كراوية |
| cure-dent (m) | χallet senān (f) | خلة سنان |
| déjeuner (m) | ɣadaʾ (m) | غداء |
| dîner (m) | ʿaʃāʾ (m) | عشاء |
| datte (f) | tamr (m) | تمر |
| dessert (m) | ḥalawīāt (pl) | حلويّات |
| dinde (f) | dīk rūmy (m) | ديك رومي |
| du bœuf | laḥm baqary (m) | لحم بقري |
| du mouton | laḥm ḍāny (m) | لحم ضاني |
| du porc | laḥm el χanazīr (m) | لحم الخنزير |
| du veau | laḥm el ʿegl (m) | لحم العجل |
| eau (f) | meyāh (f) | مياه |
| eau (f) minérale | maya maʿdaniya (f) | ميّة معدنية |
| eau (f) potable | mayet ʃorb (m) | ميّة شرب |
| en chocolat (adj) | bel ʃokolāṭa | بالشكولاتة |
| esturgeon (m) | samak el ḥafʃ (m) | سمك الحفش |
| fèves (f pl) | fūl (m) | فول |
| farce (f) | hamburger (m) | هامبورجر |
| farine (f) | deʾīʾ (m) | دقيق |
| fenouil (m) | ʃabat (m) | شبت |
| feuille (f) de laurier | waraʾ el ɣār (m) | ورق الغار |
| figue (f) | tīn (m) | تين |
| flétan (m) | samak el halbūt (m) | سمك الهلبوت |
| flet (m) | samak mefalṭah (f) | سمك مفلطح |
| foie (m) | kebda (f) | كبدة |
| fourchette (f) | ʃawka (f) | شوكة |
| fraise (f) | farawla (f) | فراولة |
| fraise (f) des bois | farawla barriya (f) | فراولة برّيّة |
| framboise (f) | tūt el ʿalīʾ el aḥmar (m) | توت العليق الأحمر |
| frit (adj) | maʾly | مقلي |
| froid (adj) | bāred | بارد |
| fromage (m) | gebna (f) | جبنة |
| fruit (m) | faχa (f) | فاكهة |
| fruits (m pl) | tamr (m) | تمر |
| fruits (m pl) de mer | sīfūd (pl) | سي فود |
| fumé (adj) | modakχen | مدخّن |
| gâteau (m) | keyka (f) | كيكة |
| gâteau (m) | feṭīra (f) | فطيرة |
| garniture (f) | ḥaʃwa (f) | حشوة |

| | | |
|---|---|---|
| garniture (f) | ṭaba' gāneby (m) | طبق جانبي |
| gaufre (f) | waffles (pl) | وافلز |
| gazeuse (adj) | kanz | كانز |
| gibier (m) | ṣeyd (m) | صيد |
| gin (m) | ʒin (m) | جين |
| gingembre (m) | zangabīl (m) | زنجبيل |
| girolle (f) | feṭr el ʃanterel (m) | فطر الشانتريل |
| glace (f) | talg (m) | ثلج |
| glace (f) | 'ays krīm (m) | آيس كريم |
| glucides (m pl) | naʃawīāt (pl) | نشويّات |
| goût (m) | ṭa'm (m) | طعم |
| gomme (f) à mâcher | lebān (m) | لبان |
| grains (m pl) | ḥobūb (pl) | حبوب |
| grenade (f) | rommān (m) | رمان |
| groseille (f) rouge | keʃmeʃ aḥmar (m) | كشمش أحمر |
| groseille (f) verte | 'enab el sa'lab (m) | عنب الثعلب |
| gruau (m) | ḥobūb 'amḥ (pl) | حبوب قمح |
| hamburger (m) | hamburger (m) | هامبورجر |
| hareng (m) | renga (f) | رنجة |
| haricot (m) | faṣolya (f) | فاصوليا |
| hors-d'œuvre (m) | moqabbelāt (pl) | مقبّلات |
| huître (f) | maḥār (m) | محار |
| huile (f) d'olive | zeyt el zaytūn (m) | زيت الزيتون |
| huile (f) de tournesol | zeyt 'abbād el ʃams (m) | زيت عبّاد الشمس |
| huile (f) végétale | zeyt (m) | زيت |
| jambon (m) | hām(m) | هام |
| jaune (m) d'œuf | ṣafār el beyḍ (m) | صفار البيض |
| jus (m) | 'aṣīr (m) | عصير |
| jus (m) d'orange | 'aṣīr bortoqāl (m) | عصير برتقال |
| jus (m) de tomate | 'aṣīr ṭamāṭem (m) | عصير طماطم |
| jus (m) pressé | 'aṣīr freʃ (m) | عصير فريش |
| kiwi (m) | kiwi (m) | كيوي |
| légumes (m pl) | χoḍār (pl) | خضار |
| lait (m) | laban (m) | لبن |
| lait (m) condensé | ḥalīb mokassaf (m) | حليب مكثّف |
| laitue (f), salade (f) | χass (m) | خسّ |
| langoustine (f) | estakoza (m) | استاكوزا |
| langue (f) | lesān (m) | لسان |
| lapin (m) | laḥm arāneb (m) | لحم أرانب |
| lentille (f) | 'ads (m) | عدس |
| les œufs | beyḍ (m) | بيض |
| les œufs brouillés | beyḍ ma'ly (m) | بيض مقلي |
| limonade (f) | limonāta (f) | ليموناتة |
| lipides (m pl) | dohūn (pl) | دهون |
| liqueur (f) | liqure (m) | ليكيور |
| mûre (f) | tūt aswad (m) | توت أسود |
| maïs (m) | dora (f) | ذرة |
| maïs (m) | dora (f) | ذرة |
| mandarine (f) | yosfy (m) | يوسفي |
| mangue (f) | manga (m) | مانجة |
| maquereau (m) | makerel (m) | ماكريل |
| margarine (f) | margarīn (m) | مارجرين |

| | | |
|---|---|---|
| mariné (adj) | meχallel | مخلّل |
| marmelade (f) | marmalād (f) | مرملاد |
| melon (m) | ʃammām (f) | شمّام |
| miel (m) | ʿasal (m) | عسل |
| miette (f) | fattāta (f) | فتاتة |
| millet (m) | el deχn (m) | الدُخن |
| morceau (m) | ʾeṭʿa (f) | قطعة |
| morille (f) | feṭr el ɣoʃna (m) | فطر الغوشنة |
| morue (f) | samak el qadd (m) | سمك القد |
| moutarde (f) | mosṭarda (m) | مسطردة |
| myrtille (f) | ʿenab al aḥrāg (m) | عنب الأحراج |
| navet (m) | left (m) | لفت |
| noisette (f) | bondoʾ (m) | بندق |
| noix (f) | ʿeyn gamal (f) | عين الجمل |
| noix (f) de coco | goze el hend (m) | جوز هند |
| nouilles (f pl) | nūdles (f) | نودلز |
| nourriture (f) | akl (m) | أكل |
| oie (f) | wezza (f) | وزّة |
| oignon (m) | baṣal (m) | بصل |
| olives (f pl) | zaytūn (m) | زيتون |
| omelette (f) | omlette (m) | اومليت |
| orange (f) | bortoqāl (m) | برتقال |
| orge (f) | ʃeʿīr (m) | شعير |
| oronge (f) verte | feṭr amanīt falusyāny el sām (m) | فطر أمانيت فالوسياني السام |
| ouvre-boîte (m) | fattāḥa (f) | فتّاحة |
| ouvre-bouteille (m) | fattāḥa (f) | فتّاحة |
| pâté (m) | maʿgūn laḥm (m) | معجون لحم |
| pâtes (m pl) | makaruna (f) | مكرونة |
| pétales (m pl) de maïs | korn fleks (m) | كورن فليكس |
| pétillante (adj) | kanz | كانز |
| pêche (f) | χawχa (f) | خوخة |
| pain (m) | ʿeyʃ (m) | عيش |
| pamplemousse (m) | grabe frūt (m) | جريب فروت |
| papaye (f) | babāya (m) | بابايا |
| paprika (m) | babrika (f) | بابريكا |
| pastèque (f) | baṭṭīχ (m) | بطّيخ |
| peau (f) | ʾeʃra (f) | قشرة |
| perche (f) | farχ (m) | فرخ |
| persil (m) | baʾdūnes (m) | بقدونس |
| petit déjeuner (m) | foṭūr (m) | فطور |
| petite cuillère (f) | maʿlaʾet ʃāy (f) | معلقة شاي |
| pistaches (f pl) | fostoʾ (m) | فستق |
| pizza (f) | bītza (f) | بيتزا |
| plat (m) | wagba (f) | وجبة |
| plate (adj) | rakeda | راكدة |
| poire (f) | komettra (f) | كمّثرى |
| pois (m) | besella (f) | بسلّة |
| poisson (m) | samak (m) | سمك |
| poivre (m) noir | felfel aswad (m) | فلفل أسوّد |
| poivre (m) rouge | felfel aḥmar (m) | فلفل أحمر |
| poivron (m) | felfel (m) | فلفل |

| | | |
|---|---|---|
| pomme (f) | toffāḥa (f) | تفّاحة |
| pomme (f) de terre | baṭāṭes (f) | بطاطس |
| portion (f) | naṣīb (m) | نصيب |
| potiron (m) | qarʿ ʿasaly (m) | قرع عسلي |
| poulet (m) | ferāχ (m) | فراخ |
| pourboire (m) | baʾʃīʃ (m) | بقشيش |
| protéines (f pl) | brotenāt (pl) | بروتينات |
| prune (f) | barʾūʾ (m) | برقوق |
| pudding (m) | būding (m) | بودنج |
| purée (f) | baṭāṭes mahrūsa (f) | بطاطس مهروسة |
| régime (m) | reʒīm (m) | رجيم |
| radis (m) | fegl (m) | فجل |
| rafraîchissement (m) | ḥāga saʾʿa (f) | حاجة ساقعة |
| raifort (m) | fegl ḥār (m) | فجل حار |
| raisin (m) | ʿenab (m) | عنب |
| raisin (m) sec | zebīb (m) | زبيب |
| recette (f) | waṣfa (f) | وصفة |
| requin (m) | ʾerʃ (m) | قرش |
| rhum (m) | rum (m) | رمّ |
| riz (m) | rozz (m) | رزّ |
| russule (f) | feṭr russula (m) | فطر روسولا |
| sésame (m) | semsem (m) | سمسم |
| safran (m) | zaʿfarān (m) | زعفران |
| salé (adj) | māleḥ | مالح |
| salade (f) | solṭa (f) | سلطة |
| sandre (f) | samak sandar (m) | سمك سندر |
| sandwich (m) | sandawitʃ (m) | ساندويتش |
| sans alcool | men ɣeyr koḥūl | من غير كحول |
| sardine (f) | sardīn (m) | سردين |
| sarrasin (m) | ḥanṭa sodaʾ (f) | حنطة سوداء |
| sauce (f) | ṣalṣa (f) | صلصة |
| sauce (f) mayonnaise | mayonnɛ:z (m) | مايونيز |
| saucisse (f) | sogoʾʾ (m) | سجق |
| saucisson (m) | sogoʾʾ (m) | سجق |
| saumon (m) | salamon (m) | سلمون |
| saumon (m) atlantique | salamon aṭlasy (m) | سلمون أطلسي |
| sec (adj) | mogaffaf | مجفّف |
| seigle (m) | ʃelm mazrūʿ (m) | شيلم مزروع |
| sel (m) | melḥ (m) | ملح |
| serveur (m) | garsone (m) | جرسون |
| serveuse (f) | garsona (f) | جرسونة |
| silure (m) | ʾarmūṭ (m) | قرموط |
| soja (m) | fūl el ṣoya (m) | فول الصويا |
| soucoupe (f) | ṭabaʾ fengān (m) | طبق فنجان |
| soupe (f) | ʃorba (f) | شوربة |
| spaghettis (m pl) | spaɣetti (m) | سباجيتي |
| steak (m) | steak laḥm (m) | ستيك لحم |
| sucré (adj) | mesakkar | مسكّر |
| sucre (m) | sokkar (m) | سكّر |
| tarte (f) | torta (f) | تورتة |
| tasse (f) | fengān (m) | فنجان |
| thé (m) | ʃāy (m) | شاي |

| | | |
|---|---|---|
| thé (m) noir | ʃāy aḥmar (m) | شاي أحمر |
| thé (m) vert | ʃāy aχḍar (m) | شاي أخضر |
| thon (m) | tuna (f) | تونة |
| tire-bouchon (m) | barrīma (f) | بريّمة |
| tomate (f) | ṭamāṭem (f) | طماطم |
| tranche (f) | ʃarīḥa (f) | شريحة |
| truite (f) | salamon mera''aṭ (m) | سلمون مرقّط |
| végétarien (adj) | nabāty | نباتي |
| végétarien (m) | nabāty (m) | نباتي |
| verdure (f) | χoḍrawāt waraqiya (pl) | خضروات ورقية |
| vermouth (m) | vermote (m) | فيرموت |
| verre (m) | kobbāya (f) | كوبّاية |
| verre (m) à vin | kāsa (f) | كاسة |
| viande (f) | laḥma (f) | لحمة |
| vin (m) | χamra (f) | خمرة |
| vin (m) blanc | nebīz abyaḍ (m) | نبيذ أبيض |
| vin (m) rouge | nebī aḥmar (m) | نبيذ أحمر |
| vinaigre (m) | χall (m) | خلّ |
| vitamine (f) | vitamīn (m) | فيتامين |
| vodka (f) | vodka (f) | فودكا |
| whisky (m) | wiski (m) | ويسكي |
| yogourt (m) | zabādy (m) | زبادي |

# l'arabe égyptien-Français glossaire gastronomique

| | | |
|---|---|---|
| بالهنا والشفا! | bel hana wel ʃefa! | Bon appétit! |
| آيس كريم | ʾays krīm (m) | glace (f) |
| أبراميس | abramīs (m) | brème (f) |
| أكل | akl (m) | nourriture (f) |
| أناناس | ananās (m) | ananas (m) |
| استاكوزا | estakoza (m) | langoustine (f) |
| افوكاتو | avokado (f) | avocat (m) |
| الدخن | el deχn (m) | millet (m) |
| اومليت | omlette (m) | omelette (f) |
| بابريكا | babrika (f) | paprika (m) |
| باذنجان | bātengān (m) | aubergine (f) |
| بار | bār (m) | bar (m) |
| بارد | bāred | froid (adj) |
| بارمان | bārman (m) | barman (m) |
| بالتلج | bel talg | avec de la glace |
| بالشكولاتة | bel ʃokolāṭa | en chocolat (adj) |
| ببايا | babāya (m) | papaye (f) |
| برتقال | bortoqāl (m) | orange (f) |
| برقوق | barʾūʾ (m) | prune (f) |
| بركولي | brokkoli (m) | brocoli (m) |
| بروتينات | brotenāt (pl) | protéines (f pl) |
| بريمة | barrīma (f) | tire-bouchon (m) |
| بسكويت | baskawīt (m) | biscuit (m) |
| بسلّة | besella (f) | pois (m) |
| بصل | baṣal (m) | oignon (m) |
| بطاطس | baṭāṭes (f) | pomme (f) de terre |
| بطاطس مهروسة | baṭāṭes mahrūsa (f) | purée (f) |
| بطّة | baṭṭa (f) | canard (m) |
| بطّيخ | baṭṭīχ (m) | pastèque (f) |
| بقدونس | baʾdūnes (m) | persil (m) |
| بقشيش | baʾʃīʃ (m) | pourboire (m) |
| بنجر | bangar (m) | betterave (f) |
| بندق | bondoʾ (m) | noisette (f) |
| بهار | bahār (m) | condiment (m) |
| بهار | bahār (m) | épice (f) |
| بودنج | būding (m) | pudding (m) |
| بونبوني | bonbony (m) | bonbon (m) |
| بياض البيض | bayāḍ el beyḍ (m) | blanc (m) d'œuf |
| بيتزا | bītza (f) | pizza (f) |
| بيرة | bīra (f) | bière (f) |
| بيرة خفيفة | bīra χafīfa (f) | bière (f) blonde |
| بيرة غامقة | bīra ɣamʾa (f) | bière (f) brune |
| بيض | beyḍ (m) | les œufs |
| بيض مقلي | beyḍ maʾly (m) | les œufs brouillés |

| | | |
|---|---|---|
| بيضة | beyḍa (f) | œuf (m) |
| بيكون | bakon (m) | bacon (m) |
| تفّاحة | toffāḥa (f) | pomme (f) |
| تمر | tamr (m) | datte (f) |
| تمر | tamr (m) | fruits (m pl) |
| توت | tūt (m) | baie (f) |
| توت | tūt (pl) | baies (f pl) |
| توت أسود | tūt aswad (m) | mûre (f) |
| توت العليق الأحمر | tūt el ʿalīʾ el aḥmar (m) | framboise (f) |
| تورتة | torta (f) | tarte (f) |
| تونة | tuna (f) | thon (m) |
| تين | tīn (m) | figue (f) |
| ثلج | talg (m) | glace (f) |
| ثوم | tūm (m) | ail (m) |
| جبنة | gebna (f) | fromage (m) |
| جرسون | garsone (m) | serveur (m) |
| جرسونة | garsona (f) | serveuse (f) |
| جريب فروت | grabe frūt (m) | pamplemousse (m) |
| جزر | gazar (m) | carotte (f) |
| جمبري | gammbary (m) | crevette (f) |
| جوز هند | goze el hend (m) | noix (f) de coco |
| جين | ʒin (m) | gin (m) |
| حاجة ساقعة | ḥāga saʾʿa (f) | rafraîchissement (m) |
| حبوب | ḥobūb (pl) | grains (m pl) |
| حبوب قمح | ḥobūb ʾamḥ (pl) | gruau (m) |
| حساب | ḥesāb (m) | addition (f) |
| حشوة | ḥaʃwa (f) | garniture (f) |
| حلو | ḥelw | bon (adj) |
| حلويّات | ḥalawīāt (pl) | confiserie (f) |
| حلويّات | ḥalawīāt (pl) | dessert (m) |
| حليب مكثّف | ḥalīb mokassaf (m) | lait (m) condensé |
| حنطة سوداء | ḥanṭa sodaʾ (f) | sarrasin (m) |
| حنكليس | ḥankalīs (m) | anguille (f) |
| خرشوف | χarʃūf (m) | artichaut (m) |
| خسّ | χass (m) | laitue (f), salade (f) |
| خضار | χoḍār (pl) | légumes (m pl) |
| خضروات ورقية | χoḍrawāt waraqiya (pl) | verdure (f) |
| خلة سنان | χallet senān (f) | cure-dent (m) |
| خلّ | χall (m) | vinaigre (m) |
| خمرة | χamra (f) | vin (m) |
| خوخة | χawχa (f) | pêche (f) |
| خيار | χeyār (m) | concombre (m) |
| دقيق | deʾīʾ (m) | farine (f) |
| دهون | dohūn (pl) | lipides (m pl) |
| ديك رومي | dīk rūmy (m) | dinde (f) |
| ذرة | dora (f) | maïs (m) |
| ذرة | dora (f) | maïs (m) |
| راكدة | rakeda | plate (adj) |
| رجيم | reʒīm (m) | régime (m) |
| رزّ | rozz (m) | riz (m) |
| رم | rum (m) | rhum (m) |
| رمان | rommān (m) | grenade (f) |

| | | |
|---|---|---|
| رنجة | renga (f) | hareng (m) |
| ريحان | rīḥān (m) | basilic (m) |
| زبادي | zabādy (m) | yogourt (m) |
| زبيب | zebīb (m) | raisin (m) sec |
| زبدة | zebda (f) | beurre (m) |
| زعفران | zaʿfarān (m) | safran (m) |
| زنجبيل | zangabīl (m) | gingembre (m) |
| زيت | zeyt (m) | huile (f) végétale |
| زيت الزيتون | zeyt el zaytūn (m) | huile (f) d'olive |
| زيت عبّاد الشمس | zeyt ʿabbād el ʃams (m) | huile (f) de tournesol |
| زيتون | zaytūn (m) | olives (f pl) |
| ساندويتش | sandawitʃ (m) | sandwich (m) |
| سباجيتي | spaɣetti (m) | spaghettis (m pl) |
| سبانخ | sabāneχ (m) | épinard (m) |
| ستيك لحم | steak laḥm (m) | steak (m) |
| سجق | sogoʾʾ (m) | saucisson (m) |
| سجق | sogoʾʾ (m) | saucisse (f) |
| سخن | soχn | chaud (adj) |
| سردين | sardīn (m) | sardine (f) |
| سعرة حراريّة | soʿra ḥarāriya (f) | calorie (f) |
| سكّر | sokkar (m) | sucre (m) |
| سكّينة | sekkīna (f) | couteau (m) |
| سلطة | solṭa (f) | salade (f) |
| سلمون | salamon (m) | saumon (m) |
| سلمون أطلسي | salamon aṭlasy (m) | saumon (m) atlantique |
| سلمون مرقّط | salamon meraʾʾaṭ (m) | truite (f) |
| سمسم | semsem (m) | sésame (m) |
| سمك | samak (m) | poisson (m) |
| سمك الحفش | samak el ḥafʃ (m) | esturgeon (m) |
| سمك القد | samak el qadd (m) | morue (f) |
| سمك الكراكي | samak el karāky (m) | brochet (m) |
| سمك الهلبوت | samak el halbūt (m) | flétan (m) |
| سمك سندر | samak sandar (m) | sandre (f) |
| سمك مفلطح | samak mefalṭah (f) | flet (m) |
| سنبلة | sonbola (f) | épi (m) |
| سي فود | sīfūd (pl) | fruits (m pl) de mer |
| شاي | ʃāy (m) | thé (m) |
| شاي أحمر | ʃāy aḥmar (m) | thé (m) noir |
| شاي أخضر | ʃāy aχḍar (m) | thé (m) vert |
| شبت | ʃabat (m) | fenouil (m) |
| شبّوط | ʃabbūṭ (m) | carpe (f) |
| شراب | ʃarāb (m) | apéritif (m) |
| شريحة | ʃarīḥa (f) | tranche (f) |
| شعير | ʃeʿīr (m) | orge (f) |
| شكولاتة | ʃokolāta (f) | chocolat (m) |
| شمبانيا | ʃambania (f) | champagne (m) |
| شمّام | ʃammām (f) | melon (m) |
| شهيّة | ʃahiya (f) | appétit (m) |
| شوربة | ʃorba (f) | soupe (f) |
| شوفان | ʃofān (m) | avoine (f) |
| شوكة | ʃawka (f) | fourchette (f) |
| شيلم مزروع | ʃelm mazrūʿ (m) | seigle (m) |

| | | |
|---|---|---|
| صفار البيض | ṣafār el beyḍ (m) | jaune (m) d'œuf |
| صلصة | ṣalṣa (f) | sauce (f) |
| صيد | ṣeyd (m) | gibier (m) |
| طبق | ṭaba' (m) | assiette (f) |
| طبق جانبي | ṭaba' gāneby (m) | garniture (f) |
| طبق فنجان | ṭaba' fengān (m) | soucoupe (f) |
| طعم | ṭa'm (m) | goût (m) |
| طعم ما بعد المذاق | ṭa'm ma ba'd el mazāq (m) | arrière-goût (m) |
| طماطم | ṭamāṭem (f) | tomate (f) |
| عدس | 'ads (m) | lentille (f) |
| عسل | 'asal (m) | miel (m) |
| عشاء | 'aʃā' (m) | dîner (m) |
| عصيدة | 'aṣīda (f) | bouillie (f) |
| عصير | 'aṣīr (m) | jus (m) |
| عصير برتقال | 'aṣīr bortoqāl (m) | jus (m) d'orange |
| عصير طماطم | 'aṣīr ṭamāṭem (m) | jus (m) de tomate |
| عصير فريش | 'aṣīr freʃ (m) | jus (m) pressé |
| عنب | 'enab (m) | raisin (m) |
| عنب الأحراج | 'enab al aḥrāg (m) | myrtille (f) |
| عنب الثعلب | 'enab el sa'lab (m) | groseille (f) verte |
| عنب الثور | 'enab el sore (m) | airelle (f) rouge |
| عنبية حادة الخباء | 'enabiya ḥāda el χebā' (m) | canneberge (f) |
| عيش | 'eyʃ (m) | pain (m) |
| عين الجمل | 'eyn gamal (f) | noix (f) |
| غداء | ɣada' (m) | déjeuner (m) |
| فاصوليا | faṣolya (f) | haricot (m) |
| فاكهة | faχa (f) | fruit (m) |
| فتاتة | fattāta (f) | miette (f) |
| فتّاحة | fattāḥa (f) | ouvre-bouteille (m) |
| فتّاحة | fattāḥa (f) | ouvre-boîte (m) |
| فجل | fegl (m) | radis (m) |
| فجل حار | fegl ḥār (m) | raifort (m) |
| فخذ خنزير | faχd χanzīr (m) | cuisse (f) |
| فراخ | ferāχ (m) | poulet (m) |
| فراولة | farawla (f) | fraise (f) |
| فراولة بريّة | farawla barriya (f) | fraise (f) des bois |
| فرخ | farχ (m) | perche (f) |
| فستق | fosto' (m) | pistaches (f pl) |
| فطر | feṭr (f) | champignon (m) |
| فطر أحمر | feṭr aḥmar (m) | bolet (m) orangé |
| فطر أمانيت الطائر | feṭr amanīt el ṭā'er (m) | amanite (f) tue-mouches |
| فطر أمانيت فالوسياني السام | feṭr amanīt falusyāny el sām (m) | oronge (f) verte |
| فطر الشانتريل | feṭr el ʃanterel (m) | girolle (f) |
| فطر الغوشنة | feṭr el ɣoʃna (m) | morille (f) |
| فطر بوليط | feṭr boleṭe (m) | bolet (m) bai |
| فطر بوليط مأكول | feṭr boleṭe ma'kūl (m) | cèpe (m) |
| فطر روسولا | feṭr russula (m) | russule (f) |
| فطر سام | feṭr sām (m) | champignon (m) vénéneux |
| فطر صالح للأكل | feṭr ṣāleḥ lel akl (m) | champignon (m) comestible |

| | | |
|---|---|---|
| فطور | foṭūr (m) | petit déjeuner (m) |
| فطيرة | feṭīra (f) | gâteau (m) |
| فلفل | felfel (m) | poivron (m) |
| فلفل أحمر | felfel aḥmar (m) | poivre (m) rouge |
| فلفل أسوَد | felfel aswad (m) | poivre (m) noir |
| فنجان | fengān (m) | tasse (f) |
| فودكا | vodka (f) | vodka (f) |
| فول | fūl (m) | fèves (f pl) |
| فول الصويا | fūl el ṣoya (m) | soja (m) |
| فول سوداني | fūl sudāny (m) | cacahuète (f) |
| فيتامين | vitamīn (m) | vitamine (f) |
| فيرموت | vermote (m) | vermouth (m) |
| قائمة خمور | qāʾemet el χomūr (f) | carte (f) des vins |
| قائمة طعام | qāʾemet el ṭaʿām (f) | carte (f) |
| قرش | ʾerʃ (m) | requin (m) |
| قرع عسلي | qarʿ ʿasaly (m) | potiron (m) |
| قرفة | ʾerfa (f) | cannelle (f) |
| قرموط | ʾarmūṭ (m) | silure (m) |
| قرنبيط | ʾarnabīṭ (m) | chou-fleur (m) |
| قرنفل | ʾoronfol (m) | clou (m) de girofle |
| قشرة | ʾeʃra (f) | peau (f) |
| قطعة | ʾeṭʿa (f) | morceau (m) |
| قمح | ʾamḥ (m) | blé (m) |
| قهوة | ʾahwa (f) | café (m) |
| قهوة بالحليب | ʾahwa bel ḥalīb (f) | café (m) au lait |
| قهوة سادة | ʾahwa sāda (f) | café (m) noir |
| كابتشينو | kaputʃino (m) | cappuccino (m) |
| كابوريا | kaboria (m) | crabe (m) |
| كاسة | kāsa (f) | verre (m) à vin |
| كافيار | kaviar (m) | caviar (m) |
| كالماري | kalmāry (m) | calamar (m) |
| كانز | kanz | gazeuse (adj) |
| كانز | kanz | pétillante (adj) |
| كبدة | kebda (f) | foie (m) |
| كراوية | karawya (f) | cumin (m) |
| كرفس | karfas (m) | céleri (m) |
| كرنب | koronb (m) | chou (m) |
| كرنب بروكسل | koronb broksel (m) | chou (m) de Bruxelles |
| كريمة | krīma (f) | crème (f) |
| كريمة حامضة | kreyma ḥamḍa (f) | crème (f) aigre |
| كريمة زبدة | krīmet zebda (f) | crème (f) au beurre |
| كزبرة | kozbora (f) | coriandre (m) |
| كشمش أحمر | keʃmeʃ aḥmar (m) | groseille (f) rouge |
| كشمش أسود | keʃmeʃ aswad (m) | cassis (m) |
| كمّثرى | komettra (f) | poire (f) |
| كوبّاية | kobbāya (f) | verre (m) |
| كورن فليكس | korn fleks (m) | pétales (m pl) de maïs |
| كوسة | kōsa (f) | courgette (f) |
| كوكتيل | koktayl (m) | cocktail (m) |
| كونياك | konyāk (m) | cognac (m) |
| كيكة | keyka (f) | gâteau (m) |
| كيوي | kiwi (m) | kiwi (m) |

| | | |
|---|---|---|
| لبان | lebān (m) | gomme (f) à mâcher |
| لبن | laban (m) | lait (m) |
| لحم أرانب | laḥm arāneb (m) | lapin (m) |
| لحم الخنزير | laḥm el χanazīr (m) | du porc |
| لحم العجل | laḥm el ʻegl (m) | du veau |
| لحم بقري | laḥm baqary (m) | du bœuf |
| لحم ضاني | laḥm ḍāny (m) | du mouton |
| لحمة | laḥma (f) | viande (f) |
| لسان | lesān (m) | langue (f) |
| لفت | left (m) | navet (m) |
| لوز | loze (m) | amande (f) |
| ليكيور | liqure (m) | liqueur (f) |
| ليمون | lymūn (m) | citron (m) |
| ليموناتة | limonāta (f) | limonade (f) |
| مارجرين | margarīn (m) | margarine (f) |
| ماكريل | makerel (m) | maquereau (m) |
| مالح | māleḥ | salé (adj) |
| مانجة | manga (m) | mangue (f) |
| مايونيز | mayonnɛ:z (m) | sauce (f) mayonnaise |
| مجفّف | mogaffaf | sec (adj) |
| مجمّد | mogammad | congelé (adj) |
| محار | maḥār (m) | huître (f) |
| محاصيل الحبوب | maḥaṣīl el ḥubūb (pl) | céréales (f pl) |
| مخلّل | meχallel | mariné (adj) |
| مدخّن | modakχen | fumé (adj) |
| مربّى | mrabba (m) | confiture (f) |
| مربّى | mrabba (m) | confiture (f) |
| مرقة | mara'a (m) | bouillon (m) |
| مرملاد | marmalād (f) | marmelade (f) |
| مرّ | morr | amer (adj) |
| مسطردة | mosṭarda (m) | moutarde (f) |
| مسكّر | mesakkar | sucré (adj) |
| مسلوق | maslū' | cuit à l'eau (adj) |
| مشروب غازي | maʃrūb ɣāzy (m) | boisson (f) non alcoolisée |
| مشروبات كحولية | maʃrūbāt koḥūliya (pl) | boissons (f pl) alcoolisées |
| مشمش | meʃmeʃ (f) | abricot (m) |
| مطبخ | maṭbaχ (m) | cuisine (f) |
| معجون لحم | maʻgūn laḥm (m) | pâté (m) |
| معلقة | maʻla'a (f) | cuillère (f) |
| معلقة شاي | maʻla'et ʃāy (f) | petite cuillère (f) |
| معلّبات | moʻallabāt (pl) | conserves (f pl) |
| مقبّلات | moqabbelāt (pl) | hors-d'œuvre (m) |
| مقلي | ma'ly | frit (adj) |
| مكرونة | makaruna (f) | pâtes (m pl) |
| ملح | melḥ (m) | sel (m) |
| ملعقة كبيرة | maʻla'a kebīra (f) | cuillère (f) à soupe |
| من غير كحول | men ɣeyr koḥūl | sans alcool |
| موز | moze (m) | banane (f) |
| مياه | meyāh (f) | eau (f) |
| ميلك شيك | milk ʃejk (m) | cocktail (m) au lait |

| | | |
|---|---|---|
| ميّة شرب | mayet ʃorb (m) | eau (f) potable |
| ميّة معدنية | maya ma'daniya (f) | eau (f) minérale |
| نباتي | nabāty (m) | végétarien (m) |
| نباتي | nabāty | végétarien (adj) |
| نبيذ أبيض | nebīz abyaḍ (m) | vin (m) blanc |
| نبيذ أحمر | nebī aḥmar (m) | vin (m) rouge |
| نشويّات | naʃawīāt (pl) | glucides (m pl) |
| نصيب | naṣīb (m) | portion (f) |
| نودلز | nūdles (f) | nouilles (f pl) |
| نيسكافيه | neskafe (m) | café (m) soluble |
| هام | hām(m) | jambon (m) |
| هامبورجر | hamburger (m) | farce (f) |
| هامبورجر | hamburger (m) | hamburger (m) |
| هليون | helione (m) | asperge (f) |
| وافلز | waffles (pl) | gaufre (f) |
| وجبة | wagba (f) | plat (m) |
| ورق الغار | wara' el ɣār (m) | feuille (f) de laurier |
| وزّة | wezza (f) | oie (f) |
| وصفة | waṣfa (f) | recette (f) |
| ويسكي | wiski (m) | whisky (m) |
| ينسون | yansūn (m) | anis (m) |
| يوسفي | yosfy (m) | mandarine (f) |

www.ingramcontent.com/pod-product-compliance
Lightning Source LLC
LaVergne TN
LVHW051300080426
835509LV00020B/3067
*9781787169494*